マイナスからの恋愛革命

スーパー・ポジティヴ・シンキング Chapter of Love

井上裕介
NON STYLE

マイナスからの恋愛革命

スーパー・ポジティヴ・シンキング
Chapter of Love

はじめに

NON STYLE井上裕介です。おかげさまで『スーパー・ポジティヴ・シンキング ～日本一嫌われている芸能人が毎日笑顔でいる理由～』『【日めくり】まいにち、ポジティヴ！』がロングセラーとなり、ポジティヴ作家・井上裕介として大きな自信につながりましたね。

「ポジティヴ」シリーズがここまで注目されたのは、みなさんが僕のことが好きでたまらないという理由もあると思いますが、それだけ世の中の人が「今の自分を変えたい！」と願っている証拠だと思っています。

そんな僕が、今回お届けするのは、男女の永遠のテーマである恋愛、しかも非モテ男女に向けた本です。この本を手に取ったあなたは、「出会いがほしい」「恋人がほしい」と望んでいても、「……けど、無理」と自分で決めつけて、恋愛をあきらめていませんか？　なにかを変えたくて本書を手に取ったその勇気を、ぜひリアルな恋愛にも向けてあげましょう。

今回のコンセプトは「最後まで読む前に、行動したくなる恋愛メソッド本」。

書店に行くと、たくさんの恋愛指南本が並んでいますが、読むだけで満足してしまうようなものが多い気がするんです。だからこそ、僕は居ても立ってもいられなくなるような本を目指しました。そして、ブサイクだのナルシストだのと言われてきた僕が、なぜイイ女を抱くことができるのか？　僕の実体験に基づいた圧倒的な説得力が、本書には詰め込まれています。

第1章では、恋愛におけるマイナス要因を、僕が〝ポジティヴ返し〟します。みなさんがネガティヴにとらえている短所は、ちょっとの発想の転換で長所に変えることができます。第2章は、ネガティヴ思考を取り払い、恋の入口に立つことができたみなさんに、僕が生み出した、恋愛における戦略と技術を解説。第3章では、モテるSNS&LINEテクニックをお教えします。

この本を読んだだけで行動しないのが一番ダメです。百戦錬磨の僕の恋愛メソッドを読めば、必ずあなたは、本を閉じて外に出たくなるでしょう。それこそがマイナスからの恋愛革命です！　前作の「はじめに」では「この本を破り捨てるのだけはやめてね」と書きました。でも今回に関しては……読み終えて行動したら、破ってもらっても構いません！

Contents

Contents

Contents

Part 2

戦略と技術で場数を踏み、恋をつかめ

Part 3

さらにモテるためにはSNSとLINEを賢く使おう

Contents

Prologue

最近の恋愛事情に喝！

「好き」という感情がわからないのは、恋をサボる言い訳

非モテ男女に向けた恋愛メソッドを語る前に、最近のリアルな恋愛事情を探ってみましょう。

左ページのデータAを見てください。20～40代の未婚者で、「恋人がいる」人は26・5%とあります。もっと少ないかと思ってました。その一方で、「異性と付き合ったことがない」人が28・9%。しかも「20代で誰とも付き合ったことのない」男性が41・6%。今後の日本を支えていく上で、とても大事な世代である20代。なのに、この結果は、なんとも情けない！

でも僕が思うのは、こういうパーセンテージは、世の中的に恋愛をさせにくくしている側面もあると思うんです。例えば「付き合ったことのない人が28・9%」と聞くと、交際経験ゼロの人なら「自分以外にもいっぱいいるやん」と感じると思いますが、逆に「今まで付き合ったことがある人は70%以上」と聞くと「うわっ、多い！」となるし、「自分も頑張らないと！」と焦ってくる。油断は禁物。数字に惑わされてはいけません。

このデータで、気になるポイントがもうひとつ。20代の男性で、付き合ったことがない男性が41・6%。ということは、4割の人が童貞なわけです。じゃあこの中で、風俗に行ったことのあ

♥現在の恋人の有無の割合（未婚者全体）

データA

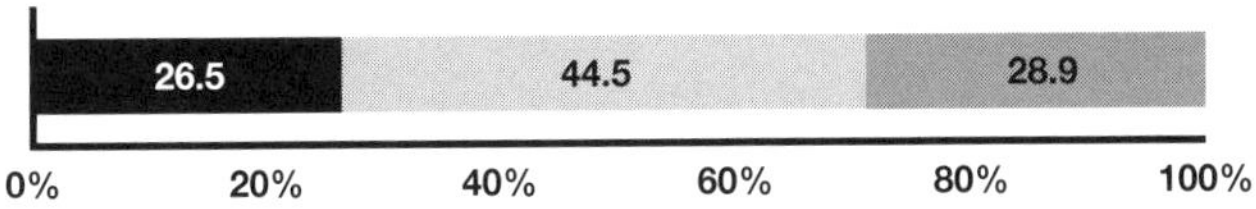

♥現在の恋人の有無の割合（男性／年代別）

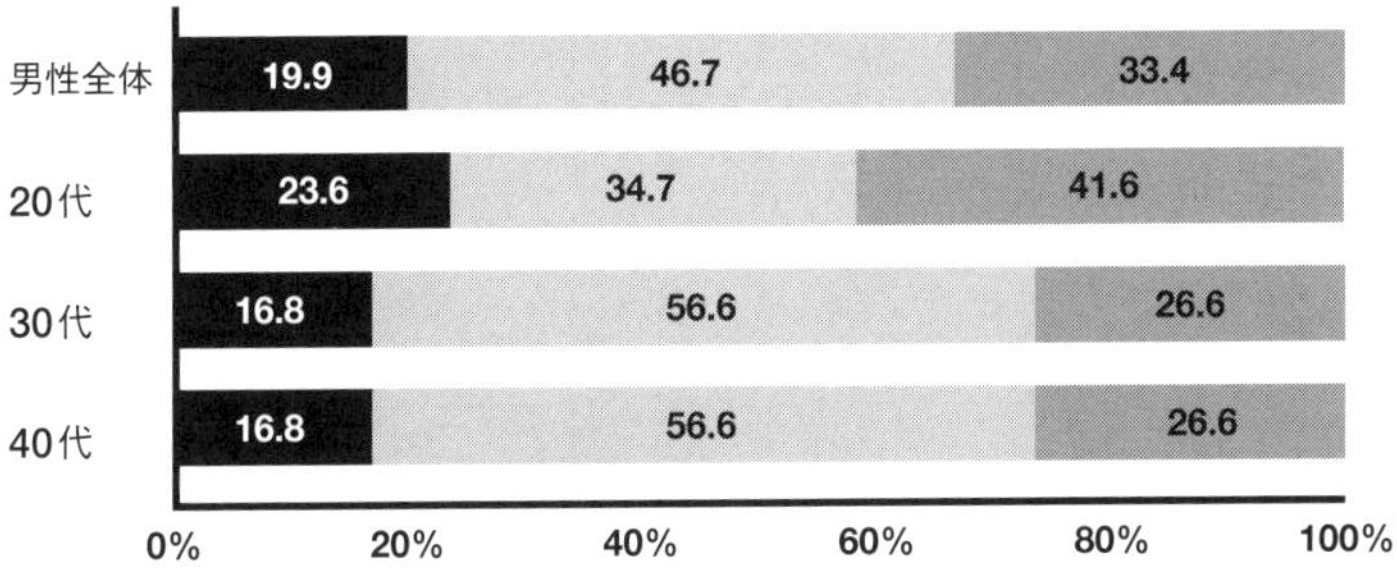

♥現在の恋人の有無の割合（女性／年代別）

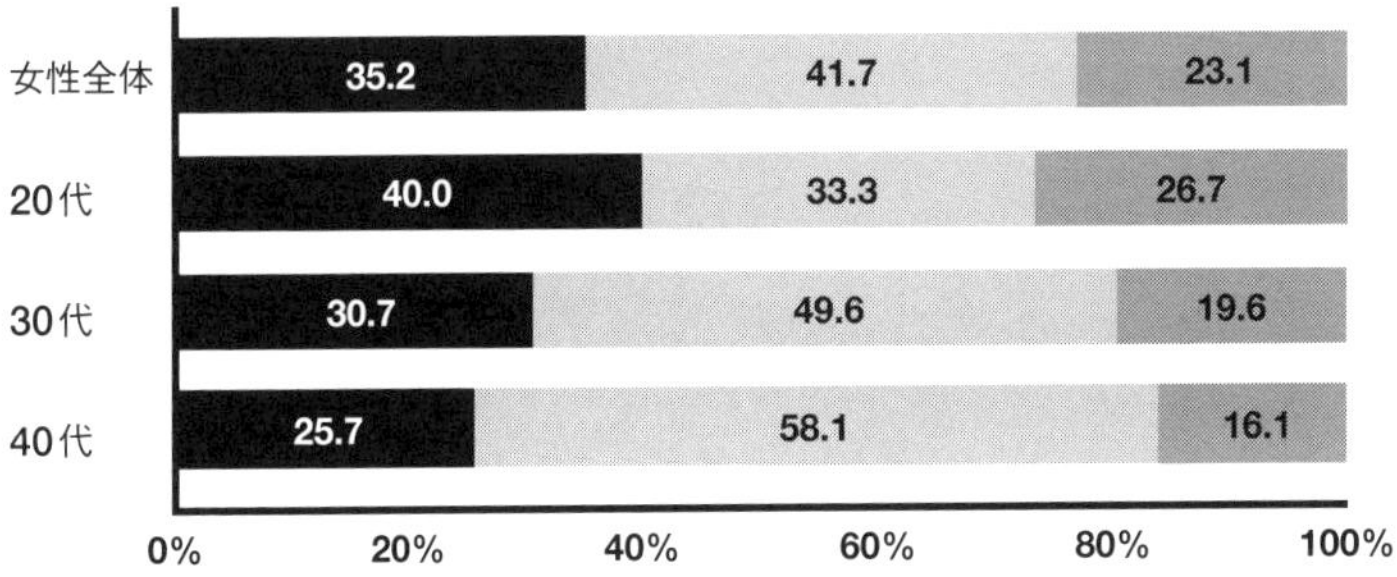

■恋人がいる　■恋人がいない（異性と付き合ったことはある）　■恋人がいない（異性と付き合ったことがない）

（恋愛観調査2014　リクルートブライダル総研調べ）

る人がどれぐらいいるのかを、僕は調べたい。もし0だったら、僕の言うことは間違っているかもしれない。でも、風俗に行ったことのある人がもしいた場合、その人たちは、エロいことをする相手がいないから、お店に行くんでしょう？　だったら、好きな人とエロいことをするほうが、幸せに決まってると思うんです。

僕が言いたいのは、もう自分に嘘をつかないでほしいということ。そして、目の前の好きな人を口説く努力をしないとダメです。付き合ったことがないという人でも、一生1人で生きていくことを決めているんだったら、僕は何も言いません。

でも付き合いたいのに、恋人がほしいのに、見栄やプライドが邪魔をして「いや、別にほしくないし」って強がる人を、僕はたくさん見てきました。そんな人は、幸せになる権利を放棄していると思う。恋愛において見栄を張って得をすることなんて、ひとつもないですから。

たとえそれが片思いだったとしても、好きな人のために一生懸命頑張っている人って、キラキラしたオーラを発しています。そのキラキラしている姿を見て、好きになってくれる人もいる。一番よくないのは、「何もしないこと」です。特に若い世代に言いたいのは、行動を起こさなければ、何も生まれません。失敗しないと得られないオーラもあるし、成功しないと生まれないオーラもある。失敗した人が好きという人もいれば、成功者が好きという人もいる。ただ「何もしない人が好き」っていう人はいません。

それと、恋人のいない人からよく聞くのが、「好きって感情がわからないんだよね～」というセリフ。僕からしたら、恋をサボっている言い訳に聞こえてしまう。というのも、好きな人のためにはできないけど、母親のためにはできることがあります。どちらも同じ、〝愛情〟です。母親や友達を好きなように、それと同じ感情が、異性に芽生えるかどうかの問題。みんな「好きという感情」は、生まれた時からわかっているはずなんです。「好きって感情がわからない」とカッコつけて、恋愛できない自分を正当化するのは、もうやめましょう！

自分のマイナスな能力を、自らの行動でプラスに変える

恋愛に対してネガティヴになってしまうのは、いろんな要因があると思うんです。「ブサイク」「お金がない」「異性と話してしまうと緊張する」――これらは第1章で一つひとつ検証していきますが、僕は「ええやん、自分を成長させてくれる能力があって」って思うんです。要は、考え方の問題。きっとそれらの能力がプラスに転じる時代がくるし、その能力を求めている人がどこかにいますから。だからマイナスをマイナスだと思わずに、プラスに見せる方法を頑張って探すほうがいいと思います。

根本から性格を変えることは無理です。であれば、マイナスな部分も良く見せたほうがいい。「この人がこう言っていたら、プラスに聞こえるな」と相手に錯覚させればいいんです。これが僕のやっている〝ポジティヴ返し〟です。

言葉を少し付け加えるだけでも、印象が変わります。「僕、まったくモテへんねん」と「僕、まったくモテへんねん。なんでやろ?」。最後に「なんでやろ?」をつけるだけで、〝僕は自信あるのに感〟が出ます。「まったくモテへんねん。本当はモテるはずやねんけどな!」と言うだけで、ちょっと前向きな感じするでしょう? それは、本人が思っていなくてもいいんです。とりあえず最初は嘘でも、「イタい」と思われてもいいから、声に出してみてください。そしたら、意外に周りが「ほんまやな~。モテそうなのにな」と言ってくるかもしれない。そしたら自分の中に〝勘違い〟が生まれる。僕はそれでいいと思うんです。〝勘違い〟はオーラになるし、その自信が周りに伝わって、人が寄ってきますから。結局、自分の環境を変えられるのは自分しかいません。自分のマイナスな能力を、自らの振る舞いでプラスに持っていけるように、意識をチェンジしていかないとダメです。

次のページのデータBを見てください。現在恋人がいない人の「恋人がほしい」割合が、全体

♥「恋人がほしい」割合
(「ほしい」「ややほしい」計／現在、恋人がいない人)

データB

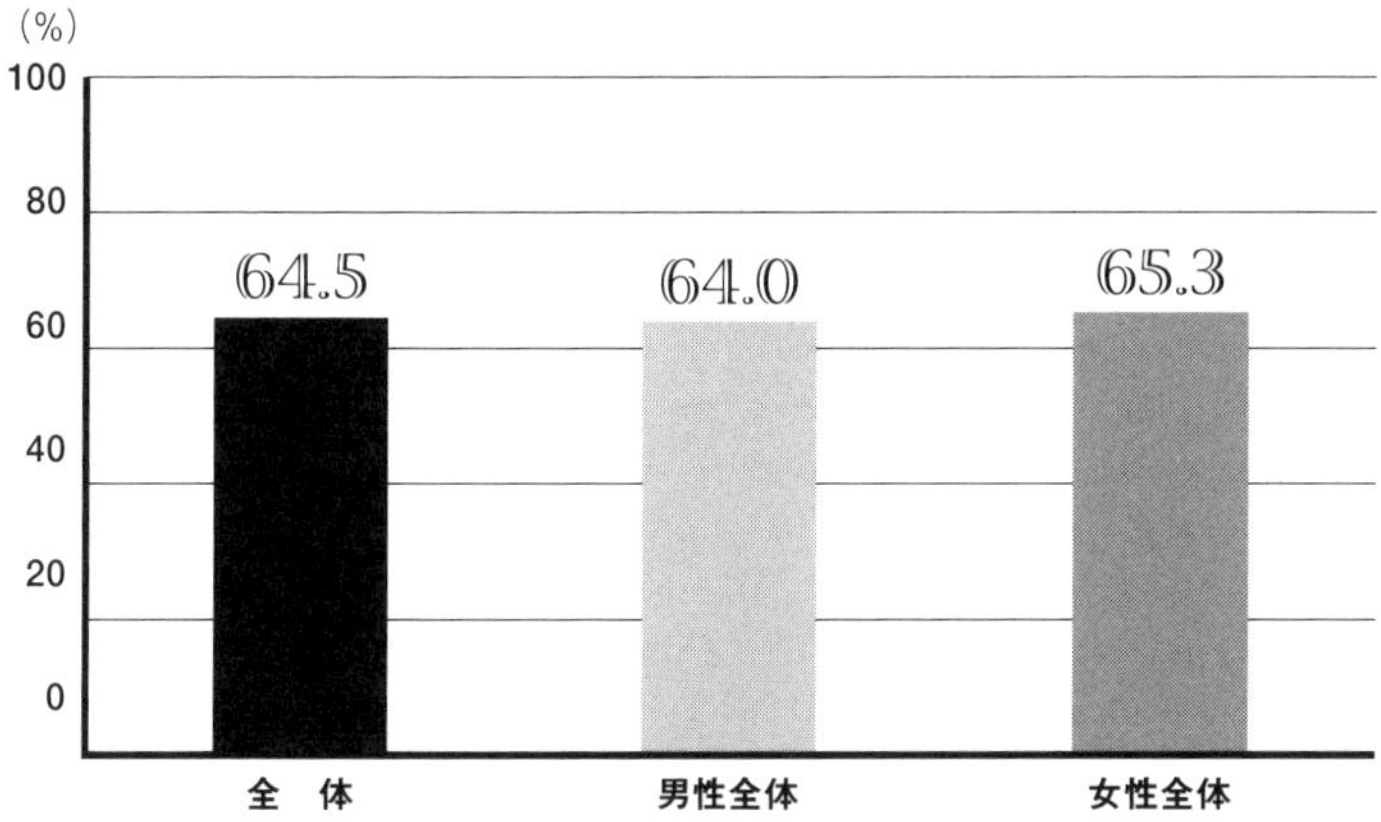

(恋愛観調査2014　リクルートブライダル総研調べ)

の64・5％。この数字には、そこまで違和感は感じませんでした。ただ、ちょっと気になるのが、ここ数年、イケメン系のアニメ、ゲームが大ブームです。ということは、現実どうこうではなく、みんなの理想が高くなっているだけとも考えられます。

わかりやすくいうと、恋人がいない人の中で、石原さとみさんのような美人を恋人にしたい人は、たぶん100％なんです！　昔に比べて、いろんな情報が入ってくる時代になったので、より上を求めているのかもしれません。インターネットがなかった時は、自分の街で出会う人が、世界のすべてのような気がしていました。そういう狭いコミュニティしか知らなかった私たちが、SNSのおかげで、世界中の人と出会うことも可能になった。

そしたら、目の前にある現実がちょっと物足りなくなって、64・5％という数字につながっているると思うんです。でも、高望みをしてはいけません。まずは、あなたの街を、もうちょっと見渡してみましょう。

次にデータCの「交際相手との出会いのきっかけ」を見ると、「職場」「学校」「友人の紹介」が半数を超えています。この理由に関しては、今も昔もそこまで変わらないですよね。一方で、全体で約10人に1人が「SNS」あるいは「インターネット」で出会ったということは、今の時代を反映しています。

ここで注目したいのは、友人の紹介。僕の持論は、「〝電波塔〟みたいな友達を探せ」。周りを見渡すと、いろんなところにネットワークを広げて友達も多いヤツが、1人はいると思うんです。その友達のそばにいれば、非モテ男女にも出会いのチャンスは必ず訪れますから。

前作『スーパー・ポジティヴ・シンキング』でも触れましたが、恋愛はパーセンテージの闘いです。モテ度が1％であれば、100人と出会えば、その中の1人と付き合えるわけです。モテ度0・1％なら、1000人と出会えばいい。それを、モテ度が1％なのに、2〜3人と出会っただけで選ぼうとするから、モテないんです。

結局、打席に何度も立たないと、打てるヒットも打てません。「自分はモテへんわ〜」と思っ

♥交際相手との出会いのきっかけ（交際経験がある人）　データC

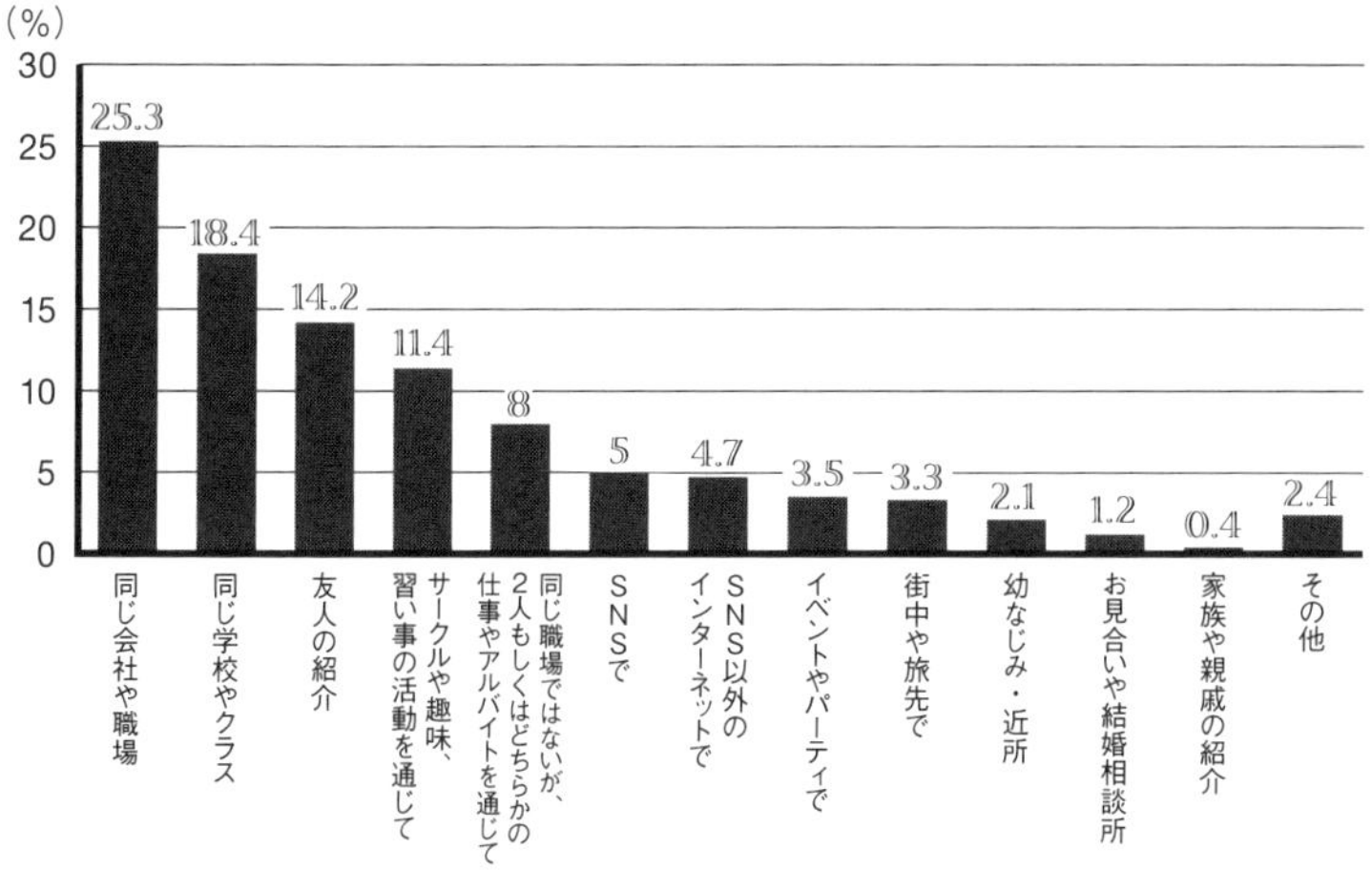

（恋愛観調査2014　リクルートブライダル総研調べ）

ていても、モテない人を好きだという人もいるから、あとはその人を血眼になって探しましょう！　探すには、より多くの人と出会わないとダメです。つまりは、先ほどの電波塔みたいな友達のパフォーマンスにかかっているんです。

その電波塔のアンテナによって、Aさんと出会った、ダメだ。Bさんと出会った、ダメだ。次はCさんに出会った……みたいに、どんどん出会いを広げていくことが大事です。そうやって、自分に合った人を探す旅は、果てしなく続くんです。

好きな相手は、戦略と技術で必ずオトせる

加えて大事なのは、〝モテる同性〟にくっついて行動すること。モテる人の周りには、自然と人が集まります。時には、相手と自分をつい比べたりして、ネガティヴな気持ちにもなるかもしれません。でも、僕は言いたい。その先にある幸せをつかみ取りたくないんですか？

この本で伝えたいのは、モテない人が、さえない人と付き合うための方法論ではありません。モテない人が、いかにイケてる異性と付き合うか、口説けるかを追求した恋愛革命論です。そりゃ果てしない道のりですよ。あなたが、ブサイクな男性だったとします。イイ女と付き合うには、イイ女と出会わないとダメなんです。そのイイ女と出会うためには、イイ男と知り合う必要がある。〝イイ女島〟への行き方は、イイ男しか知りませんから、彼らに島へ渡るための架け橋になってもらえばいい。だから、モテない男がイイ女と出会うには、まずはイイ男にたどり着かないといけないんです。あなたが女性なら、まずはイイ女と出会うこと。それが、島に渡るための第一歩です。この本を読んでいる人は、島へと渡るすべを知らないから、すべを知っている人を1人ずつ捕まえればいいんです。

僕が、女優さんと飲みに行きたいなら、俳優さんとつながる必要があります。俳優さんと出会うには、どうしたらいいのか。俳優業をやっている芸人さんとつながるわけです。俳優業をやっている芸人さんと知り合うにはどうしたらいいのか。顔の広い芸人さんを探さないといけない。例えばカラテカの入江慎也さんに「俳優の仕事もやっている先輩、紹介してください」と頼んだら、雨上がり決死隊の宮迫博之さんを紹介してもらったとします。で、宮迫さんに「もし、俳優さんとご飯食べに行く時があったら連れてってください！」と頼んで、俳優さんとの飲み会に加えていただく。飲み会で俳優さんと連絡先を交換し、「今度、女優さんとご飯に行く機会があったら誘ってくださいよぉ〜♥」——はい。これでようやく、〝イイ女島〟に上陸です（笑）。

イイ女島に渡るまでが〝戦略〟です。上陸してイイ女と出会ってしまえば、あとは男と女の勝負。ここからが〝技術〟です。好きな相手は、戦略と技術で必ずオトせます！

それに、モテる人の隣にいることは、こんなメリットもあります。

ビジネスに置き換えますが、たこ焼き店を開店したとします。たこ焼きを売りたかったら、人気たこやき店の隣に出店するのがいいって、よく言うじゃないですか。長蛇の列にしびれを切らした人が、あきらめてこっちに流れてくるから。その理論と一緒で、モテる人の周りにみんな群がるけど、「自分には高望みやな」ってあきらめた人たちが、楽なほうに流れてくる。そこに自分たちがいればいいわけです。これもひとつの〝戦略〟です。

今、女性の間で、キス動画、ハグ動画をあげるアプリ「MixChannel」や、胸の谷間をくっきりさせて巨乳に見せるアプリ「Tanimania」がはやっていて、中には2〜3万人のフォロワーを抱えるツワモノがいます。それだけの男性をフォローさせるのは、彼女の〝戦略〟。そこからフォロワー1人ずつの顔を見て、イケメンだと思った人にダイレクトメッセージを送り、ご飯に誘う。ここまでも〝戦略〟です。そこから、リアルに自分を好きにさせるのは〝技術〟になります。SNSを使った恋愛必勝法については、第3章で詳しく話します。

僕の勝手な想像ですが、読者の3人に1人は、恋愛シミュレーションゲーム『ときめきメモリアル』をやったことがあると思うんです。〝ときメモ〟なんて、まさに戦略と技術のゲーム。そして、ゲームの中でできることなら、現実の世界でできたっておかしくありません。

昔、あるテレビ番組に、ひと組の夫婦が出ていました。ネットゲームに旦那がハマッて、書斎から出てこなくなってしまったと。そしたら奥さんが「旦那がそんなにハマるんやから、私もやってみよう」と、自分の部屋でネットゲームをやりだした。お互いに会話もないまま、部屋にこもり、ネットゲームに夢中になる毎日。ある日、奥さんが、たまたまネットゲームの中で出会った男性と恋に落ちて「今度プライベートで会いましょう」という展開になった。「初めて浮気をする!」と決めた奥さんは、待ち合わせ場所に行きました。すると男性が現れた。パッと振り返ったら、なんと旦那さんだったそうです。

このことからわかるのは、結局、ゲームの中もリアルも、やることは変わらないってこと。二次元の中に求めるタイプは、リアルでも一緒なんです。少女漫画『君に届け』の風早くんがタイプでもいいけど、まず、そんな男性が現実にいるかを見ないと。風早くんみたいな〝さわやかな人〟はいると思うんです。でも風早くん本人はいません。もしあなたがゲームや漫画が好きなのであれば、そこで培ったことを、そろそろ現実で生かしてみませんか?

男の恋愛は一直線。女の恋愛は曲がり道

冒頭で、世間一般の恋愛観について思うことをつらつらと書きましたが、僕の恋愛観もちょっとずつ変わってきました。それこそ昔は、〝僕を好きになってくれそうな人〟を好きになるようにしていて。モテない頃って、フラれるのが怖い。モテないからこそ、高望みをせずに自分のことを好きになってくれる人をずっと探していました。

それで、24歳ぐらいの時に大好きだった彼女がいたんですけど、フラれてしまって。何度やり直そうとしても無理でした。「僕が漫才の大会で優勝したら、やり直してくれへん？」と言ったんですが、優勝して「おめでとう」もなかったですし。結局、その彼女は僕と別れた後に、違う男性とお付き合いを始めて。「あ、そんなもんなんや、女の子の恋愛って」って思いました。

僕がよく言うのは「男の恋愛は一直線。女の恋愛は曲がり道」というセリフ。男は人生を振り返った時に、過去の彼女が全員見えるんです。だから心のどこかで「やり直せる」「また出会える」と思っているところがある。でも女性の場合、別れた瞬間に曲がり角を曲がるから、僕はもう後ろにいなくて、キレイさっぱり忘れて先へ進んでいくんです。

恥ずかしい話、彼女を忘れるために、ワンナイトラブもいっぱいしました。そういう経験があったからこそ、今は落ち着けている自分がいます。あの時がなかったら、男として自信も持てなかったと思うし。残念ながら、24歳から26歳までの2年間、彼女はできませんでした。でも毎日のようにいろいろな女の子とご飯に行ったりしていました。その2年間で〝恋愛の礎〟みたいなものを築けたような気がします。

そんな感じで遊んでいるうちに、徐々にモテ始めて、人を選べるようになってきて……。その時からです、「こういう人と、こういう恋愛をしたい」と思えるようになったのは。年でいうと、27歳ぐらいの頃。それまでは、恋に対して「ま、いっか」と妥協していた部分もあったけど、いろんなタイプの人と付き合った分、多様な価値観を知ることができました。ワンナイトラブみたいな、ある意味楽な恋愛をいっぱいしたからこそ、しんどい恋愛をしてみたくなったし。しんどい恋愛をして傷ついたから、楽な恋愛に逃げた部分もあったし。そういういろいろが、20代の頃にあって、30代になったような感じです。

今は、僕も30代後半になり、ちょっとはリアルな奥様像をイメージするようになってきました。昔は「カワイイ子」だったけど、今は「一緒にいて楽しい人」を求めているような気がします。細かいところだと、掃除ができないとダメとか、料理ができないとダメとか。これまで、いろんなタイプの女の子を見てきたからこそ、今は「こういう人がいい」「こういう人はダメ」と、やっと判断できるようになってきたというか。

いろんなことを経験していなかったら、今もひょっとするとカワイイ子だけを求めていたかもしれません。もちろん、1人と長く付き合うとかでもいいと思うんです。1人のいろんな場面を見ることができたら、それはそれで幸せです。でもモテない人は、まずたくさんの人と出会って、それぞれの人を段階的に、部分的に見ていかないとダメな気がします。

自信を持つための積み重ねは怠らないほうがいい

この本を読んでいる人に、そこまで恋愛経験が豊富な人はいないと思います。っていうか、恋愛経験豊富な人は、こんな本は読まないと思うんです。恋愛初心者は、まずは楽な恋愛からやっていくべき。というのも、僕みたいに経験値を積むことで、自信をつけたほうがいいからです。

誰とも付き合ったことのない人は、今、経験値が0の状態です。そこから1人と付き合えば経験値1、2人と付き合えば経験値2。10人ぐらいと付き合えば、おのずと自信は出てくるはず。

特に女性の方たちへ。誰でもいいという言い方をすると語弊がありますが、モテたいなら、少々タイプでなくても、抱かれるべきです。男性もそう。タイプじゃなくても、抱くべきです。セックスをすることによって、生まれるオーラ、雰囲気っていうのは絶対にあります。先の恋愛のため、今はまだより好みせず、経験値を上げてから、モテるオーラを作り出しましょう。

「セックス」と聞くと、ちょっとハードルが上がってしまったかもしれません。ここで言いたいのは、エッチの技術を鍛えろという話ではないです。〝場数〟を踏んでほしいんです。

1種類の異性しか知らない人と、10種類の異性を知っている人。どちらが強いか比べたら、そこはやっぱり10種類の異性を知っている人でしょう。例えば、イケメンとしかエッチしたことがない女性は、ブサイクのよさがわからない。でもブサイクもイケメンも両方経験がある人は、「こっちがイイ！」って選べるんです。つまり、誰かを選ぶ存在＝モテる人間になるには、選べるだけの種類を知っておいたほうがいい。

「嫌いな人ともエッチしてください」とは言いません。でも交際経験ゼロの若い人からよく聞くのは、「付き合ってもないのに、エッチするなんて無理！」って言葉。モテたければ、悠長なことは言っていられません。２人で食事に行って嫌悪感を感じなければ、エッチすればいいと思う。そういう経験を積み重ねて〝抱かれる側〟から〝抱く側〟にレベルを上げればいいだけの話。

女性がよく使う「遊ばれる」という表現。「遊ばれるのはイヤだ」「傷つきたくない」って言うけど、僕は違うと思う。女性が〝遊ぶ側〟に立たないとダメなんです。男性も、自分がいつも遊ぶ側なわけじゃなく、時には〝遊ばれる側〟に転じてしまうことを認識しないといけません。だからこそ、経験値が必要なんです。

男性も女性もそうですけど、恋人ができた時に「カッコよくなったやん」「最近かわいくなってない？」ってほめられること、よくあると思います。これはやっぱり、経験値を積んでいるからで、恋をすればするほど、自然と人は輝くんです。僕も「たくさんの女の子とエッチしてきたんやぞ！」という実績があるから、自信も芽生えて、自分という商品を「どやっ！」とプレゼンできるんです（笑）。

だから、ここまで読んでくれた方に言いたいのは、自信を持つための積み重ねを怠らないでほしいということ。そのためのノウハウを、この本にはたっぷりと詰め込みました。

Part 1
ポジティヴ・シンキングで モテない自分よ、 さらば!

Negative Reason

お金がないと嘆くなかれ 創意工夫と相手への愛情がこもった思い出こそ、プライスレス

まず言っておきたいのは「お金がない＝モテない」という認識を捨ててください。〝お金を稼ぐことにガッツがない人間〟がモテないんです。

貧乏だからモテないと思い込んでいる人って、「お金がないから無理やわ」を言い訳に、努力することから逃げている気がするんですよね。好きな子に何かプレゼントしたい、おいしいものをおごりたい、でも財布の中が寂しいから満足してもらえるデートを演出することができない。どうすればいいか？　答えは簡単。〝創意工夫〟をすればいいんです。

大事なのは、いかに相手のことを思っているかを伝えること。ディズニーランドに行けなければ、ミッキーマウスのイラストを描いてあげる。高級レストランに連れて行けない代わりに、自

分でフランス料理を勉強してみる。僕も下積み時代は、彼女と公園のベンチに座ってただおしゃべりしたり、ウィンドゥ・ショッピングをしたりしていましたが、それだけでも十分楽しかったです。それに当時は車なんて買えなかったから、友達に車を借りるなど人脈もフル活用していました。ちょっとかっこ悪いかもしれないけど、相手を喜ばそうとしている熱意は伝わるし、確実に2人の思い出に残りますから。お金もない上に、相手のために努力することすら怠る人は、絶対にモテないです。それでも努力をサボりたいなら、仕事を頑張って金持ちになればいい。要は、そのガッツがあるかないかです。

お金持ちになることより、お金がないからこその創意工夫と、そして何より相手への愛情をたくさん持っているかがモテることへの近道。

そしてもし、あなたに気になる人ができたら、最初から「自分にはお金がない」ということを相手に打ち明けておくべきです。それを聞いて離れていってしまう人は、所詮それまでの相手。

それでも自分を選んでくれた相手のために、お金をかけずに最高の思い出を作ること――その努力こそ確固たる愛情の証しだと思うし、創意工夫を重ねて作り上げた思い出は、2人にとってお金には換えられない価値あるものになるんじゃないでしょうか。

Negative Reason

仕事がなくても〝信念〟を持つ
他人と比べるなら昨日の自分と今日の自分を比べよう

前作『スーパー・ポジティヴ・シンキング』でも書きましたが、今の時代、みんながみんなやりたい仕事に就けるわけじゃない。だから難しい問題だと思います。でも例えば自分の選んだ道がニートだとしてもいいと思うんです。「僕は今、全力でニートをやっています！」という意志が感じられればいいんです。大事なのは、そこに目標や信念があるかどうか。

医師や弁護士がなぜモテるかというと、お金をたくさん持っているからじゃない。働いている姿が目に見えるからというのもありますが、彼、彼女がその仕事に就くことを目標に猛勉強して、苦労を乗り越えた大変さをみんなわかっているから「すごい！」＝モテるにつながるわけです。どんな状況にせよ、それぞれに苦労やその先の目標はあるわけで、自分が頑張っていることを周囲にわかってもらうことが大事。それがニートだったとしても、です。働かないことが悪いんじゃなくて、苦労もなく目標もない、もしあったとしてもそれが伝わってこないニートが一番の

〝悪〟だし、異性から見ても魅力的には映らないでしょう。それよりも、毎日ハローワークに通ったり、友人のツテを頼ってでも仕事を探してもがいているニートのほうが〝必死感〟が出て応援したくなりますし、その過程で得た自信はやがてオーラに変わります。

僕も若い頃は、働きたくても仕事がなかなかなくて。でも毎日のようにネタを考えながら、路上で漫才をして、お金にならないことをコツコツ努力してきた結果、自然とオーラが出てきたのか、お客さんもしだいに増えていきましたから。

年齢の割に給料が少ないというのも、よく聞く仕事の悩みですよね。特に結婚となると、やっぱり先立つもの＝お金は必要ですし。でも給料の多い少ないで、人の良し悪しはかれません。僕が人として一番尊敬するのは〝なんとなく〟で生きていない人。僕の場合は漫才師だから「なんとなく」でやっていたら、仕事は減っていってしまうので、常に頑張るんですけど、サラリーマンの場合、一生懸命やっている人も、なんとなくで仕事している人も、給料は変わらないから、つい楽がしたくて「なんとなく」のほうに逃げちゃう人も多い。でも同じ給料なら、明確に野心と希望を持って働いている人間のほうが断然キラキラしているんです。

僕が所属するよしもとクリエイティブ・エージェンシーも、仕事量は多いのに給料はそんなに多くはないから大変な会社なんですよ。そんな中、たとえ仕事ができなくても「お笑いが大好きで、前からずっとマネージメントをやりたかったんです！　頑張ります！」みたいなガッツのある社員さんは素直にカッコいいと思うし、ミスしても許してあげようかなという気になります。一方で、なんとなくで働いている社員さんは、ミスも多い上に、注意をしてもなかなか響かないから厄介なんですけど（笑）。

未来のために頑張っている自分を好きか

いい年をして仕事がない、稼ぎが少ないのは、世間一般的には「かっこ悪いこと」とされています。でも僕は、たとえ苦境だとしても、今の自分の置かれている状況を全力で肯定してあげられる人は魅力的だと思う。芸人でも「売れへんかもしれないけど、夢は芸人になること。30歳を越えても月2万円の給料でやってんねん」と胸を張って言える人間は、たとえ今売れなくても、いずれ輝く時がくると思います。

「無職が原因で恋人ができない」は大間違い。かっこ悪くても、そこに明確な野心と希望を持て生きているか。そして未来のために頑張っている自分を好きでいられるか。自分で自分を認めることができて、初めて誰かに愛されると僕は思うから。

最後に言っておきたいのが、ニートや稼ぎが少ない人がつい陥りがちな、他人と自分を比べてしまうこと。

「隣の芝生は青く見える」じゃないけど、自分が弱小企業勤めなら、トップ企業で働いている友人がうらやましく思えたり。でも子どもの頃を思い出してください。母親に「よそはよそ。うちはうち！」って育てられたでしょ。なのに、大人になったら途端に周囲と自分を比べては落ち込んでしまう。

恋愛に限らずですけど、他人と自分を比べること自体がナンセンスです。だったら、〝昨日の自分〟と〝今日の自分〟を比べるほうが、ずっと健康的。昨日より今日が一歩でも前に進んでいるなら、それでいいじゃないですか。そうやって笑顔の回数をどんどん増やしていけば、必ず誰かが見ていてくれるはずです。

Negative Reason

恋人がいる相手をオトすなら持久戦に挑むしかない！ ひたすら〝ジャブ〟を打とう

「好きな人に恋人がいるからアタックできない」という悩みは、僕からしたら不思議でしょうがない。だって今、相手には恋人がいる＝自分はフラれた状態だから何でも言えるし、怖いものなしじゃないですか。逆に、好きな人に恋人がいない場合のほうが口説きにくいってこともあります。というのも「今は恋愛する時期じゃない」とか「恋人と別れたばかりで、誰もそういう対象として見ることができない」みたいな人のほうが、恋のシャッターを下ろしてしまっているので、向こうの恋の準備が整うまで開店を待つしかありません。でも相手が恋愛真っ最中の人なら、恋人に向かって真っすぐ進んでいる愛の矢印を、ちょっと斜めにしてあげたら自分に向かってくる可能性もあるわけで。あとはどのタイミングで、矢印を曲げるためにトンカチを使うかです。

愛情のバロメーターがあるとしたら、恋人と付き合いたての頃は、愛情線がずっと右肩上がりです。何もかもが楽しくてしょうがないし、会うたびにどんどん好きになっていく。そんなラブラブな人に、真っ正面から攻めるのは意味がありません。

しかし、そんなラブラブに思えた2人でも、気持ちの不安定な時期は必ず出てきます。だから向こうが恋人と喧嘩したりしてバイオリズムが下がってきた瞬間を見計らって、接近していったらいいんです。入院して寂しい時に優しくされた人を好きになってしまうのと同じ心理です。相手の恋愛の状況を見計らうテクニックは、第3章にも書いてあるので読んでみてください。

バイオリズムが下がる間にも、仕掛けておくべきことはいろいろあります。

まず自分から「好き」とは言わずに、事あるごとに「恋人とはその後、どうなの？」って小出しに聞いておく。加えて「今の恋人より先に出会っていたら、自分と付き合っていたかもね〜」みたいに〝ちょっと好きだよ感〟をジワジワ出していく。そして相手の不平不満を聞いてあげることも効果的です。よく聞く殺し文句は「俺ならそんなことさせへん」「俺ならお前を泣かさへんのに」ですね。そうしてついにバイオリズムが下がった時に「メッチャ好きだよ！」でオトしにかかる。大事なのは、ボクシングでいうところの〝ジャブ〟を1ラウンドから延々打ち続けることです。ずっとジャブを打っていくうちに向こうのスタミナが切れて、よろけた瞬間に、「待ってました！」とばかりに右ストレートでノックアウトすればいい。恋はまさしく持久戦ですね。

Negative Reason

恋は他力本願！
異性を前に緊張してしまうなら友達にプレゼンしてもらおう

恋愛に限らずいえるのは、コミュニケーションが苦手な人は、無理して自分から話しかけにいかなくていいということ。自分から攻めなくていい。ただ「話しかけられることから逃げない」でほしいです。向こうから話しかけられているのに逃げちゃうのはもってのほかですが、話しかけられる環境にいるのに、その場から逃げたら一生誰とも仲良くなれません。わかりやすく言うと、学校で放課後ずっと残っていたら「帰らへんのか？」って話しかけてくるヤツが必ず出てくると思うんです。でも学校にいちばん遅くに着いて、いちばん早く帰ってしまったら、話しかけられる時間は短くなる。とにかく話しかけられるゆとりだけは、持っておいたほうがいいです。

僕も学生時代は、女の子と積極的に話ができないタイプでした。そんな時に編み出したのが、〝わざと教科書を忘れる作戦〟。かわいらしいでしょ？　教科書を忘れたら、先生から「見せてもらいなさい」って言われて、隣の女の子に見せてもらえるじゃないですか。席くっつけて「ごめんね～」って。これって、僕が女の子に話しかけていることになる。あとは消しゴムを忘れるとか。今の子だったら「携帯の充電器、貸してくれへん？」がスマートです。男がキュンとくるのは、血が出た時に、パッと絆創膏を差し出してくれる女の子。「あ、この子、女子力高いな。ええ子やな」と思って、そこから一気に恋に発展することもあるかもしれません。

このページに目が留まった人の大半は、自分から話しかけるのが苦手な人だと思います。でも相手も話しかけるのが苦手だった場合、どちらかが動きださなければ会話が生まれません。ならば、自分から会話のきっかけを作ればいい。異性と話す免疫がないのであれば、絶対に話さなきゃいけない状況を、自ら用意すればいいんです。

話しかけざるを得ない状況って、要は〝困った時〟、または〝相手が困っている時〟です。「道に迷う」「物がない」って、人に助けを求めないといけない状況だから。この時、自分が困っている側になるのか、困っている人を助ける側になるのか、どちらかしかない。だったら、自分のやりやすいほうを実践すればいいんです。話しかけるのが苦手なら、ちょっと助けを求めてみる。話しかけるのがそこまで苦じゃなければ、困った人がいたらすぐに助けてあげる。どうですか？　肩の力が抜けたでしょう？

異性と話すなら〝ドラクエ〟的なチームを作れ

異性に話しかけられない人に心がけてほしいもうひとつのポイントは、自分をプレゼンしてくれる〝パートナー〟を作ることです。ひとりで頑張ろうとしなくていいです。テレビドラマ『相棒』シリーズにおける、主人公の杉下右京をお手本にしてください。彼も、コミュニケーション能力はだいぶ低いと思うんですよ。キレ者すぎて、周囲から浮いてしまっている。でも、そばに熱いパートナーがいてくれるおかげで、足りない部分を補ってもらえるし、周りともコミュニケーションが取れるようになるんです。

世の中も同じで、人と話すことが苦じゃないパートナーと異性と3人でチームを構成すれば、ちょっとずつ仲良くなって話せるようになりますから。『ドラゴンクエスト』のチームみたいなもんで、それぞれには然るべき役割がある。自分にコミュニケーション能力がないなら、能力がある人に助けてもらえばいい。まさに恋は他力本願です！

僕も合コンで友達をモテさせようと思ったら、そいつがいかにお茶目で、おもしろいヤツかを延々とアピールできます。これをすると、友達もいい気持ちになるし、僕自身も「友達のことをこんなに熱弁していて、井上さんってイイ人！」って女の子に思ってもらえる。一石二鳥、三鳥、四鳥ぐらいのメリットがあります（笑）。

そして、あなたが男性の場合。強力なパートナーを得ることができたら、ぜひとも心がけてほしいこと。積極的にいじられてください。一見、誰かをいじる男性のほうが注目されがちですが、意外に、いじられている男性のほうが、女性の母性本能をくすぐるんです。

わかりやすいのが、出川哲朗さん。「嫌いな芸能人ランキング」の常連になっていますが、バラエティ番組では〝愛されキャラ〟として大人気です。僕も、ネットで悪口を言われたり、嫌われ者だと言われていますけど、どこかで女性たちの母性をくすぐっているから、モテているわけです。だから、もし異性との会話に緊張してしまうなら、会話のテクニックを覚える前に、気になる異性の前で友達からいじられた時に、お茶目に振る舞うテクニックを鍛えるほうが先決。そこからコミュニケーションが広がることもあると思うから。

だから、もし自分から異性に話しかけられないのであれば、自分の魅力を引き出し、プレゼンしてくれる友達を見つければいい。そのためには、異性と話すのに緊張するのは問題ないけど、同性とのコミュニケーションは頑張らないとダメだと思います。

Negative Reason

ブサイクだからモテないのではない
全員スタートラインに立っていた
10代をサボッていただけ

容姿に自信がない人は、まずは手っ取り早く、自分の周りでモテている人のヘアスタイルやメイク、ファッションを真似すること。これだけでもだいぶ雰囲気が変わります。今は服でも髪形でも組み合わせは何万通りとあります。自分に自信がないという人は、そもそもあなたにピッタリ合う〝方程式〟を見つけられていないだけかもしれません。

そして「自分磨きをサボッていないか？」を検証したほうがいい。よくテレビや雑誌で芸能人の小中高時代の写真が紹介される企画がありますが、中には、今の印象と違う芸能人が何人かいるはずです。でも彼らがなぜ芸能の世界に入ることができたのか。それはカッコ良くなるため、かわいくなるための努力を怠らないからです。読者からの「ブサイクなお前が上から語るな！」という突っ込みも聞こえてきますが（笑）、そんな僕もメンズエステが大好きで、炭酸ミストでスキンケアをしたり、入浴剤にこだわったりするのが日課。これも僕なりのモテるための〝努力〟なんです。

全員彼氏彼女もいない状態から「よ〜い、ドン！」でスタートを切った学生時代。そのうちA君に彼女ができ、Bさんに彼氏ができて……と、一人ずつ非モテ島から卒業していくわけですが、今「ブサイク・ブスだから」とふてくされている人は、この10代をぼんやり過ごしていませんでしたか？ 周りを見渡してください。ブサイクでも、なぜかチヤホヤされている男女がいると思います。彼らは、出会いの場が当たり前にあった10代の頃に、勉強や部活を頑張ったり、容姿をよく見せようとしたり、何かしらを頑張ったからこそ、恋愛のエキスパートになることができた。つまり、勝負は10代から始まっていたわけです。先ほどの〝自分磨き〟にも通じますが、僕も中学、高校の時、クラスで超イケメンの人気者がいたんですけど、彼を見ながら「コイツに顔で勝てないんやったら、何で勝てるんやろ」ってずっと考えていました。勉強なのか、スポーツなのか、優しさなのか——そこからはもう、ひたすら人間観察をし、たどり着いた結論は「コイツにない能力を磨けばいいのか！」と。ブサイクでもイケメンに勝てる方法を模索したんです。

例えば、僕はわりと歌がうまいほうだったので、そこに照準を絞りました。もちろん、イケメンで歌がうまい人には勝てないけど、イケメンで音痴のヤツにはカラオケに行けば勝てるかもしれない。そういう闘い方をしていました。

「時すでに遅し！」と嘆いている方、今からでも遅くありません。10代をサボッた分は20代で遅れを取り返せるし、20代のうちにイケてる人間になって30代からの勝負に備えてほしい。真似でもいいからまずは外見から変えていき、雰囲気が変われば、周りの印象も変わるものです。「あれ、カッコ良くなった？」「最近かわいくない？」というチヤホヤが蓄積されていけば自信が芽生え、外見だけでなく、内面からもイケてる人間になれる。そうなったら、こっちのものです。そして、モテる友達の周りには必然的にいろんなタイプの人がたくさん集まるので、出会いのチャンスも広がります。

すっぴんに恐怖を感じなくても大丈夫

容姿を良く見せる方法はいろいろありますが、僕は整形には少し慎重派です。もし自分の好きな女の子が整形したいと言ってきたら、まず理由を聞きますね。「あなたに、もっと好かれたいから」という理由だったら手術を止めます。「僕は、今のままでかわいいと思うよ。大好きだよ」って言ってあげます。でも「仕事をする上で、もっと美人じゃないといけない」とか、男でも「カッコ良くなって、目標を成し遂げたい」という理由なら止めません。ここにも、僕のモットーである「その行動に信念があるかないか？」が大きく反映されています。

あと、男性と比べて、女性は化粧の力でだいぶ変わります。ですが、その一方で「化粧を落とした時に幻滅されてしまうんじゃないか？」という不安を抱えている女性も多いと思います。彼氏がいる人ならなおさら、ベッドの上や旅行先ですっぴんを見せなくてはいけないシチュエーションも増えます。

でも「女の子の素顔を見てみたい！」という男って結構多いですよ。それに、そこまで男もバカではないので、好きな女の子のすっぴんは大体予想できています。「鼻から下は化粧を取ってもさほど変わらない」というのが、これまでたくさんの女性のすっぴんを見てきた僕が取った統計調査の結果。すべての男が化粧のマジックに騙されているわけではありません。ある程度想像できた上で、あなたと付き合うことを選んだんです。だから自信を持ってください。そこまですっぴんに恐怖を感じなくても大丈夫。一回見せてしまえばいいんです。

逆に、すっぴんを見せて離れていくような男は、ろくでもないヤツです。すっぴんの披露は〝心のブサイク〟を見分けるリトマス試験紙かもしれません。

Negative Reason

背が低い&貧乳はコンプレックスを補うほどのファンタスティックな〝パフォーマンス〟で勝負

「背が高い」は男性らしさの象徴ですよね。でも僕は問いたい。バレーボールならアタッカーよりリベロ、バスケならダンクをキメる選手より外側から3ポイントを打つ背の低いシューティングガードをカッコいいと思ったことないですか?と。漫画やアニメでもそうですけど、背が低い人間が大きなヤツを倒す瞬間って最高に興奮します。

かく言う僕も、背が低いことにコンプレックスを感じた時期もありました。でも社会人になってからは、悩まないようになりました。背が低いほうが、新幹線の普通席もグリーン車並みに広く使えるとか、メリットもちゃんとある(笑)。それに180cmの人と一緒にいても、椅子に座ればみんな同じ。背が低いコンプレックスは、笑顔なり話術なりで挽回すればいいんです。

男性が背の低さにコンプレックスを感じるのと同じで、貧乳に悩む女性も多いと思います。でも僕は「貧乳」という言葉が大嫌いです。だって小さくても貧しくなんかないですから。「貧乳」という言葉を使うなら、巨乳は「富乳（ふにゅう）」にしてほしい。そうでないと対義語として合いません！

確かに、胸やお尻が好きな男性はたくさんいます。でもそれは単純にエッチする時のひとつの武器でしかないし、ある種の魔法のようなもの。意外に「胸は小さい人のほうがいい」と言う人も結構います。相方の石田明も、閉所恐怖症なので「巨乳だと圧迫感が強すぎてしんどくなる」んだそうです（笑）。

男でもアソコが小さい人ほど劣等感を感じがちですが、その分、前戯をメチャクチャ頑張ればいい。だから胸が小さいことで悩んでいる人も、小ささを忘れさせるぐらいファンタスティックなプレイをして、男性に「今日のエッチ、今までで一番気持ちよかった！」と言わしめることができたら最高じゃないですか。

背が低くても胸が小さくても、見た目以外の部分でどれだけパフォーマンスを充実させられるかが勝負だし、勝ったときの優越感は人一倍大きい。外見的にどうしても変えられない部分は、もうあきらめたほうがいい。それだったら、努力して伸びることに時間を費やすべき。人間の価値は、背や胸だけで決まりませんから。

Negative Reason

恋愛は就職試験と同じ
恋人いない歴＝年齢でも異性をオトす力はある！

今まで誰とも付き合ったことがないのを負い目に感じている人、多いと思います。でも、自分には一生恋人ができないかもしれないと悲観的になっている人たちに言いたいのは、「知らないうちに、恋人を作る能力はみんな養えているんだよ」ということです。

わかりやすいのが、就職やアルバイト先の面接を受けるときに書く履歴書。自分の特技や趣味を書くとき、「何を書けば、この会社は自分を選んでくれるんだろう？」と考えます。そして面接では、自分がその会社に貢献できることをアピールする。それって、恋愛において好きな人と付き合うまでのプロセスと一緒だと思うんです。

何をアピールすれば、相手は自分のことを好きになってくれるのか。恋愛というのは、相手のことを調べ、自分で話しかけに行って、〝告白〟という面接を受けることの繰り返し。理想を追求して、最善を尽くして、失敗したらひどく落ち込む――就職先を探すのと、パートナーを探す作業はとても似ています。恋人いない歴＝年齢という人も、仕事のために頑張るベクトルをほんの少しだけ好きな人に向けてあげれば、好きな人をオトすことは絶対にできます。あとはその能力を発揮できる場所を探すだけです。

交際経験ゼロであることをオープンにすることも大事。例えば合コンで、「今まで何人と付き合ったことある？」と聞かれたとします。「え〜っ」って適当に濁したり、「誰とも付き合ったことないねん。引くやろ？」みたいに暗い感じで言われたら、聞いたほうも「あれ、悪いこと聞いちゃったかな」と反省するけど、「誰とも付き合ったことないねん。いい人が現れなくて。でも早く恋人がほしい！」とか「彼氏いない歴22年なんで、今日は初めての彼氏を作って帰りたいと思いま〜す！」みたいに言われたら、誰も傷つけないし、素直にカワイイなと思います。

愛の告白は、就職面接における自己ＰＲ。こう考えれば、恋愛スキルがないと臆病になっていた心も解けていくような気がしませんか？

Negative Reason

童貞と処女のカミングアウト法
女性は明るく告白
男性は友人に言ってもらおう

「童貞」と「処女」。どちらもエッチ未経験の人たちを指す言葉です。しかしながら、両者には大きな違いがあるような気がします。あくまでも僕のイメージですけど、処女は〝女〟という言葉が入っているからか神聖な感じがするけど、童貞は〝童（わらべ）の貞操〟でしょ。どことなく非モテ感が漂います。

それに女性と圧倒的に違うのは、男性には風俗というものがあります。今すぐ童貞を捨てたいなら、お店に行けばいい。でも僕はそんな人こそ、交際経験ゼロの女の子と付き合ってほしいです。お互いに初めて同士だし、ひとつの恋に対して一生懸命になれると思うから。

処女の場合は、P48の交際経験の話同様、自分からオープンにするのがかわいらしいですけど、童貞の告白は思わぬ地雷を踏む可能性があります。

というのも、女の子を口説いた時に「結局、早く童貞を捨てたいだけなの?」と勘違いされてしまうかもしれないから。童貞こそ、明るく言うのではなく「ごめん。暑苦しいかもしれないけど童貞やねん」ってモジモジ言うのがいいと思います。合コンでも、王様ゲームの「キス」で顔を真っ赤にして照れている男性ほど、女性の母性本能をくすぐることが多いです。

「それでも言いづらい!」という人は、自分が童貞だということを友達に言ってもらうのもいいと思います。「こいつ、まだ童貞やねん」「言うなや。ハズいやんけ!」とか、「俺だって経験あるわ!」「嘘つけや!」みたいにフワッとした掛け合いをして、女の子に「これって本当なの?ボケなの?」って思わせる。コツは、ちょっとミステリアスな部分を残すことです。

たとえあなたが童貞や処女でも自信をなくすことはありません。相手に「この人のことをもっと知りたい!」と思わせることができれば、それが恋の始まりですから。

Negative Reason

失恋のショックを癒やすのは「人」
悲劇のヒロインを気取る前に目の前の客席を確認しよう

常にポジティヴ思考の僕でも、失恋からはなかなか立ち直れません。世の中に出回っている恋愛本には「失恋を乗り越えるには、新しい恋愛をするしかない！」みたいなフレーズがよく書いてありますが、これは完全にお門違い。次の恋に踏み出せないから、みんな恋愛難民に陥っているわけです。

これまで星の数ほど女性と恋愛してきた僕も、何度もフラれてきました。よく「井上さんは前向きやから、フラれても傷つかないんでしょう？」と言われますが、そんなことありません。僕だって傷つきます。でも失恋というのは、切り傷みたいなものだと思うんです。ほら、中途半端な切り傷って、治りが遅いでしょう。「どこかでやり直せる」「戻ってきてくれる」と期待してしまうからモヤモヤするし、つらくなる。同じしんどい思いをするなら、スパーッと切れ味鋭くフラれることで、自分の気持ちに自ら決着をつけるしかないんです。

僕も昔、フラれた彼女に「好きや」「もう一回付き合ってくれ」「お前じゃないとあかん」と、あらゆる言葉を尽くしては、何度も告白し続けました。そりゃもう10回ぐらいアタックして、完膚なきまでにフラれまくって。そうして最終的に目も当てられないぐらいに撃沈したら、「もう無理やわ。ほな、次にいこう」って切り替えていました。ちょっと荒療治ではありますけど、これが僕の失恋の乗り越え方。

僕がネガティヴな人と違うのは、フラれっぱなしでウジウジするぐらいなら、引きずっていてもいいから楽しいことがしたいと思えるところ。死ぬ間際、神様から楽しかった時間をパーセンテージで告げられたとき、「楽しさ」が1％でも多い人生にしたい。「笑顔の回数ランキング」で上位を狙いたいんです。だから彼女のことを考えつつも、先輩と毎日合コンして、酒を飲んで、ワーッと騒いで。家に帰ったら考える体力もない状態で泥のように寝る。そして翌日起きたら、すぐに仕事に行く。相手を忘れるために、自分のタイムスケジュールを、彼女のことを考える隙間もないほど楽しいスケジュールで埋めていくんです。それを半年間ぐらい続けていたら、自然と彼女のことは考えなくなりました。

傷ついた心を癒やしてくれるのは、結局「人」

「相手に浮気された」とか「裏切られた」とか、フラれ方によっては、ショックで男性不信、女性不信になってしまう人も多いと思います。

でも僕は、失恋のトラウマは抱えたままでいいと思います。無理して忘れようとしなくていい。その代わり、自分の殻に閉じこもるのはダメです。失恋をきっかけに新しい趣味を始める人もいますが、趣味は自分の気持ち次第でやめられます。逆にいえば、自分の気持ちが折れたらおしまいです。「今日は落ち込んでいるから、レッスン休んじゃおう」「やる気が起きないから、今日はやめておこう」とか。そうなると結局、フラれた相手のことを考える隙間ができてしまう。

僕が先輩と合コンしまくったように、結局、傷ついた心を癒やしてくれるのは「人」。

だからまさに今、失恋の痛みと闘っている人は、異性同性問わず、誰かと飲みに行ったり遊びに行ったり「人と接すること」を増やしてほしい。

仕事でもそうだけど、傷ついた心をたったひとりで修復するのにはだいぶ時間がかかります。でも10人がかりで修復してくれたら、10倍早く立ち直れるわけで。だから〝心の治療〟に携わってくれる信頼できる人を、ひとりでも増やしたほうがいい。泣きたい時は泣けばいいんです。人前で泣くのってハードルが高いからこそ、その後のハードルはすべて飛び越えられる気がする。だから一回でも人前で泣いたほうがいいです。

ただ、問題がひとつだけ。言う相手を間違えると、傷をえぐってくる人がいるので注意しましょう。フラれたことをおもしろがる人、カラオケでも無駄にラブソングを歌って、こっちを泣かせようとしてくるおせっかいがいますから（笑）。

失恋した人が一番陥りやすいのが、悲劇のヒロインを気取ること。ショックをこじらせ、不幸をアピールすることで同情を引き、自分を安心させたい……。はい、気持ちはわかります。

僕が思うに、悲劇のヒロインに浸りたければ、トコトン浸ればいい。ただし、ひとつだけ忠告をさせてください。刻一刻と時間は進んでいます。今、自分が立っている舞台上から客席を見渡して、観客の数を確認してみましょう。「まだ100人以上おる！　いっぱいおる！」だったら、まだもう少し舞台を続行してもいいでしょう。でも大事なことなので、もう一回言います。舞台上から客席を見てほしい。「まだ客おるか？　お前の舞台！」（笑）。

Negative Reason

実家暮らしはマイナスではない
日々をサボっているか努力しているかを見極めよう

実家暮らしの人って、年齢が上になればなるほど、何かと肩身が狭そうにしています。特に男性。世間的には、ひとり暮らし＝自立している人、実家暮らし＝甘えているとイメージされがちですが、ひとり暮らしだって、親の仕送りに頼っていたりと自立していない人もいます。

ここで話したいのは、実家暮らしが原因でモテないのではありません。事あるごとに〝実家に帰ろうと必死な人〟がモテないんです。例えば、飲み会。「二軒目に行こう！」とみんなで盛り上がっているのに「ごめん。実家だから帰らなあかんねん」。これはモテない。いろんなチャンスを逃していますから。逆に、実家暮らしだったとしても「うわ、終電なくなった！　しょうがない。今日は朝まで盛り上がろう！」ってノリ良く言える人は、モテます。

女性でも、炊事洗濯といった家事はすべてお母さんに任せっきりで、何もしないっていう子がいます。こういう人は、自分でも気づかないうちにサボり癖が蓄積しているんですよね。女性というより、人間としてどんどん後退している気がする。これもモテません。

一方で、実家暮らしが武器になることもあります。例えば、男性でも女性でも必然的に会話の中に家族が出てくることが多くなるから〝家族思い〟だということがわかります。それに男からすると「好きな子の家に行けない＝エッチできない」という図式を考えがちですが、実家デートならではのドキドキ感もありますから。僕、実家暮らしの子と、両親が寝ている隣の部屋でエッチをしたことがあって。あの時の興奮は今でも忘れられません（笑）。

僕は、口説いた子が実家暮らしだったとしても屈しません。大事なのは、実家に住んでいたとしても自立できているか、家事を手伝えているか、家族のことを思えているかだと思います。

Negative Reason

ファッションセンスなんて関係ない 男性は女性の服を脱がすために 洋服を着ているのだから

最初に、僕が声を大にして言いたいのは、「オシャレな人がモテる！」のは幻想です。それは、ファッションセンスがない僕の実体験から編み出した持論です。

センスのない人が気をつけるべきことは「隠さない」。これが一番。僕の場合は、センスのある人に似合う服を見立ててもらっています。この、相手に頭を下げる作業は怠ったらダメ。潔く認めること！　何を選んでいいかわからなければ、雑誌の表紙に出てた服を買い続けていくのもアリでしょう。最初は「似合ってへんやん」って突っ込まれると思います。でも4～5年着続けることで、似合ってくる服もある。篠原ともえさんやきゃりーぱみゅぱみゅさんなど奇抜なファッションで知られる芸能人も、出た当時は不思議がられても、着たいものを着続けたからこそ〝時代〟を作ってこれたわけで。ファッションに限らずですけど、どんな時も曲げない強い心を持って、やり続けることが大事です。自分が〝時代〟を作ればいいんです！

それに「ファッションセンスがない」と公言することは、異性をデートに誘う武器にもなります。特に女性の場合、「自分が選んだ服を男の人に着てほしい」という人、意外に多いですから。「ファッションに疎いから、一緒に選んでくれへん？　その代わり、ご飯おごるから」と誘えば、いやらしさがないし、ファッション好きな人からしたら、好きな服を選べるし、自分はお金を出さなくていいし、おまけにおごってもらえるし……って最高のデートじゃないですか。で、こっちはこっちで好きな相手とデートができて、ステキな服も変えて、まさしくwin-winの関係に。そうしてデートの最後「今度、この服を着てデートしたいから、また会ってくれる？」と付け加えればパーフェクトです。遠回しに告白したければ「ごめん、好きな子に服のプレゼントしたいねん。選んでくれへん？」って2人で服を選びに行って、後日、その服を相手にプレゼントするというサプライズがオススメです。

大事なのは、服を脱いだ時の〝武器〟があるか

モデルさんに聞いたところによると、ファッション誌で「今年の流行はコレが来る！」とかあるじゃないですか。あれって、ヨーロッパのファッション業界の重鎮のジジイ3人で決めてい

るって噂がありますす。70〜80ぐらいのジジイが「グリーンをはやらせよう」とか「今年は黒でいこう」とか、そんなジジイが決めたルールに、みんな振り回されているんです。

意外にキメキメのファッションを嫌がる女の子は多いですよ。それに、キメキメのファッションでいる時間なんて最初だけ。どんどん服に気を使わなくなってくるはずです。現に、自分の両親を見てください。ダサいでしょう？　たまにカッコいい人もいますけど、年を取るにつれ、ほぼ9割の人はダサくなります。彼氏、彼女でも一緒に住んだら、ずっと家でキメキメの服を着ていることなんてないわけで。だからファッションセンスで男と女を選ぶっていう考え方は、もう捨てたほうがいいです。

なんだかんだ言っても、最終的にはベッドの上で、服を脱がすんです。男は、好きな女性の服を脱がせるために服を着ていると言っても過言ではありません（笑）。僕はもう、とっとと服を脱ぎ去りたい。だから、裸でモテるヤツが最強ですよ。とにかく明るい安村、小島よしおを見てください。パンイチでも、人間力がしっかりあれば、人気者になれるんです。

ファッションセンスでモテてしまったら、服を脱いだ時に、アナタの武器がなくなるわけですよ。であれば、服を脱ぎ払った時に、自分という素材でモテるヤツになればいい。この本を読む人には、そういう人間を目指してほしいです。

最後に、僕がモットーとしてやっていることなんですけど、気合いの入ったファッションのヤツに、センスのない僕が勝つ。最高に気持ちいいです。所詮、洋服って、ご飯でいうところの〝見た目〟だけ。「おいしそう」と思って食べてみたらまずかった。イヤでしょう？　片や、見た目はまずそうだけど「メチャクチャうまい！」って思わせたほうが、気持ち良くないか？ってことですよ。「見た目がイケてる相手に〝素材〟で勝つ！」——こんな優越感に浸れることはありません。この本は、優越感に浸るための努力をしようという本ですから。

Negative Reason

遠距離恋愛は宝くじのようなもの 愛情の蓄積が当選につながる

恋愛において、永遠のテーマでもある遠距離恋愛。でも今は昔と違って、深夜の高速バスも3000〜40000円で乗れるし、飛行機も格安航空会社のLCCがあったりと、移動手段が格段に増えました。携帯電話やインターネット、テレビ電話、スカイプなど、コミュニケーションツールも発展しています。海外じゃない限り、会いたくても会えない時代はもう終わりました。

僕が不思議で仕方ないのは、遠距離だから好きな人と会えないという人に限って、「仕事が忙しいから、休日は休みたい」って言うじゃないですか。そんな人たちに聞きたい。「あなたの愛情は、その程度なんですか?」と。本当に好きな人であれば、しんどいからこそ会いに行って疲れを癒やしてほしいんです。

僕も24歳ぐらいの時に、ずっと好きだった女の子がいました。僕は大阪、相手は姫路で。5分だけでも会いたかったから、3時間ぐらいかけて姫路に行って、ちょっとしゃべって帰る、みたいなことを繰り返していました。その恋はうまくいかなかったけど、それが僕なりの愛情表現だった。だから遠距離恋愛で悩んでいる人は、会えないことを嘆くぐらいなら、会いに行けていない自分のガッツを嘆いたほうがいいと思います。

普通の恋愛だと、出会う回数が多いほど、イヤな部分もいっぱい見えてくるもんです。でも遠距離恋愛の場合は、気軽に会えないからこそ、相手のことをずっと思い続けられる。「亭主元気で留守がいい」じゃないけど、意外に遠距離って、特に女性からしたら程よい距離感なんじゃないかと思うんです。

好きな気持ちが強い分、遠距離が解消された時の愛情の燃え上がり方ってスゴいでしょうね。だから今がしんどくても、「いずれ大きな報酬が返ってくる！」と思ってひたすら耐えるしかない。例えるなら、宝くじみたいなものです。宝くじはなかなか当たらないけど、買わないと当たらない。遠距離恋愛も、それと同じ。会えない間に少しずつ愛情を蓄積していって、すぐに見返りを求めたがったり、我慢できない人は別れてしまう。でも一生遠距離のままなんてことはないと思うから、ある一定の期間を我慢できれば、それ以上の愛情がキャッシュバックされる！とポジティヴにとらえたほうがいいです。

好きな人のSNSは〝パンドラの箱〟

遠距離恋愛には、最低限のルールが必要です。基本的なルールとしては「何曜日には電話する」「月に一回は絶対に会う」みたいに。できない時には前もって「ごめん、今日は仕事の飲み会で、電話できないから」みたいに言っておけば、なんの問題もありません。ルールがないから、しつこく電話してしまうんです。逆に、ルールが守れなくなったら、それは愛情が薄れてきているサインなので気をつけましょう。

加えて、絶対にやっちゃいけないのは、相手のSNSを見ることです。

というのも、距離が離れている分、不安な気持ちから相手の浮気を疑う人も多いと思います。でも僕からしたら、相手が浮気しているかどうかなんてどうでもいい。大事なのは、自分が相手を好きかどうか？です。浮気したとしても、嘘はバレなきゃ嘘じゃない。真実を知らないほうが幸せなことが、この世の中には多いと思う。恋愛にだって、開けてはいけないパンドラの箱があるんです。それにSNSでつぶやく内容って、ほとんどが楽しいことじゃないですか。女性の「今日、会社の人と飲み会に行ってきました！」というつぶやきひとつとっても、彼氏は浮気を疑うかもしれないけど、彼女からしたらただの歓送迎会だったり。浮気かどうかなんて一概に決め切れない。

序章でも触れたように、今は「出会いがない」と嘆いている人がたくさんいます。

でも僕からしたら、距離の遠さなんて大した問題じゃない。会いに行ける人がいるだけ、いいじゃないですか。〝好きな人がいる〟という奇跡をかみしめてください。

Negative Reason

『仕事が忙しすぎる』は恋愛をサボッている言い訳でしかない
名刺の数が出会いの数

「仕事が忙しすぎて出会いがない」というのは、僕には言い訳にしか聞こえません。その証拠に、僕自身が、M－1でグランプリを獲った直後の1年、寝る時間もないほど忙しかったですが、今と比べても当時のほうが女の子と遊んでいましたから（笑）。深夜0時に帰ってきて翌朝6時から仕事だとします。6時間寝るのか、寝ずに遊びに行くのか。僕は迷わず後者を選びました。まさに、時は金なり。時間は、どうにかすれば作り出せるんです。

仕事が忙しすぎるというタイプの人は、目の前の仕事に一点集中しているから、周りが見えていないだけだと思うんです。ちょっと顔を上げて、周りを見渡してください。社内はもちろん、営業先や外注先で、いろんな人と知り合っているでしょう？　要は、出会いはたくさんあるのに、心と身体が恋愛モードになっていないだけなんです。では、恋愛モードに切り替えるには、どうすればいいのか？　大事なのは「仕事に余裕を持たせること」です。恋愛する時間を少しでも作れるように、隙間を作ってあげる。一睡もしないのは仕事に支障を来すけど、睡眠時間を少し削るんでもいいじゃないですか。自分からは何の努力もせず、ただ指をくわえて出会いを待っていても、恋愛は始まりません。

仕事に余裕をもたせるためには、「能力値を上げること」が重要です。そうすることで周囲からの「いつも仕事でテンパッている人」というイメージが「仕事がデキる人」に変わるので、必然的にモテます。ここから〝モテのスパイラル〟が続くんです。

性別や職種を問わず、信念を持って仕事している人ってカッコよく映ります。そういう意味で、僕は「忙しすぎる」というのはマイナス要因では決してなく、モテるための種をたくさん蓄えている感じがする。あとはその種に能力値という水をあげて、花が開くようにすればいい。

とにかく「仕事が忙しすぎて出会いがない」は単なる思い込み。手始めに、この1週間、仕事で交換した名刺を並べてみてください。それがあなたの出会った人数ですから。名刺の数だけ、恋の花が咲くかもしれませんよ。

Negative Reason

バツイチ子持ちは子どもの自慢の父・母になれるよう恋愛を〝開店〟しよう

今、3組に1組のカップルが離婚しているという日本。年々離婚率が上がっていますし、今の時代、バツイチなんて珍しいことではありません。バツイチ子持ちを主人公にしたドラマや映画も増えましたし、芸能人でもバツイチ同士のカップルが多いでしょう？　しかも、みんな好印象じゃないですか。世の中はそんな風潮だから、ネガティヴになる必要なんかまったくないと思う。

でも、バツイチ子持ちがモテない理由をひとつだけ挙げるとすれば、恋を閉店してしまっている人がいる。ファッションもメイクも、おろそかになっているんです。もちろん子育ても大変でしょうし、「恋愛なんかしている場合じゃない！」という気持ちはわかります。でも、そのことと、自分をステキに見せようと努力を休ませることは違う。僕の周りにもシングルマザーがいますけど、彼女は「再婚相手を見つけんねん！」って、とにかく前向きでガッツがある。男性でも女性でも、自分の人生をもっと豊かにする、幸せになることに対してあきらめない人は、周りから見てもカッコいいなと思います。

とはいえ、やっぱり考えるのは子どものこと。自分の気持ちだけで突っ走れるわけではないから、恋愛や結婚に二の足を踏んでしまう人もいるでしょうね。

でも、僕も番組なんかで、両親が離婚した子どもに話を聞く機会もあるんですが「お母さんに、また恋愛してほしい」「お父さんに好きな人を作ってほしい」って言う子どもがホントに多い。ドラマや映画の影響もあって、子どもたちの恋愛に関する考え方が、グッと大人になってきたんでしょうね。彼らからしても、子育てに没頭して頭ボサボサのお父さんお母さんよりは、キラキラしているほうが自慢にもなる。「お前んとこ、お父さんおらんやんけ」と言われた時に、「ええねん！ 私のお母さん、素敵やもん！ めちゃくちゃモテるねんぞ!!」って言ってもらえたら最高じゃないですか。

人生は何度でもやり直せます。バツイチ子持ちの方。子どもにとって自慢のお父さん、お母さんで居続けるために、ぜひ恋愛を解禁しましょう。

Negative Reason

年齢差なんて気にしない！人生の大先輩との恋は経験を〝倍速〟で重ねられるチャンス

好きな相手と年齢が離れすぎていると、ジェネレーション・ギャップを感じる瞬間もたくさんあると思います。もし違和感をセックスに感じていたとしたら……これはもう、どうしたって無理。もちろんバイアグラというステキな発明品がありますし、「60歳を過ぎても元気！」みたいな人もいますけど（笑）、人間的な能力は加齢とともに衰えていきますから。これまでたくさんの悩みをポジティヴ・シンキングで切り返してきた僕でも、現実的な年齢の差はどう頑張っても埋められません。

でも唯一、ポジティヴにとらえるとすれば、例えばあなたが20代で60代の人と付き合っているような場合。相手は、自分がこれから体験していくであろう先の未来……酸いも甘いも全部知り尽くした、いわば人生の大先輩なわけじゃないですか。だからその人の隣にいるだけで、いろんな知識や経験を〝倍速〟で重ねていけると思うんですよ。

そういう意味では、年の離れた恋人と付き合うことは、ひとりの人間として成長させてもらえるいい機会です。ゆとりある生活を送る安定した経済力や、多少ワガママを言っても優しく聞いてくれる包容力は、年輪を刻んだ年配者だからこその魅力。不景気で先行き不透明な時代だからこそ、経済面、精神面共に余裕のある人と一度付き合ってしまったら、同世代は物足りなくなってくるかもしれません。

自分も年を取っていくわけですから、年上の人と出会う回数も付き合える回数も現実的に減ってくるわけで。もし年が離れすぎた人とイイ感じになっている人は、悩まずに「自分には、年が離れすぎた人と付き合えるだけの若さがまだある！」と前向きにとらえたほうがいい。

外見は若さを保ちながら、内面にもどんどん経験値を蓄えていける状態。もう最強でしょう！

Negative Reason

根も葉もない噂話はロイター板みたいなもの悪印象は〝ギャップ〟で逆転

嫉妬ややっかみから根も葉もない噂を立てられた人は、どうしたらいいか。

まず、そんな噂が立つグループであるならば、無理して属さなくといいと僕は思います。そこで「いや、Aさんはそんな人じゃないやん。その情報、間違ってるよ」って言い合えるグループであってほしい。給湯室の会話じゃないけど、噂話で盛り上がるのは別にいいと思うんです。ただ、それをうのみにして、グループの外で言いふらしたりする友達は、本当の仲間じゃない。

例えば僕がAさんの噂話を聞いたとして、実際にAさんに会ってその感じがなかったら、僕はAさんを信じます。で、噂が違うってわかったら、噂を流した女の子たちに「俺、飯食うたけど、全然そんな子ちゃうかったで。メッチャええ子やん」って言います。きっと、噂を立てられた女の子は僕を好きになるだろう、という下心込みで（笑）。

噂話の広がり方の例として、わかりやすいのが、小学生の時にやった伝言ゲーム。短い文章を言葉だけで伝えていく単純なゲームなのに、2～3人介しただけで最終的には答えが間違ってしまう。それぐらい、人から人に伝えるのって尾ひれが付く。どこかで誰かが、よくない味付けしているんです。だから、広まってしまった悪いイメージを払拭しようと必死にならないほうがいい。噂が本当かそうじゃないかを審議するのは相手だから。

逆に、変な噂を聞いていたけど、いったん話してみたら「全然そんな人ちゃうやん！」ってプラスに跳ね返り、一気に距離が縮まる可能性があります。僕を見てください。テレビでは散々「気持ち悪い」ってイジられていますが、実際プライベートで会ったら「すごくイイ人じゃないですか！」「全然気持ち悪くないやん！」と驚かれることが多いんです。そこで生まれたギャップを武器に、イイ女を抱き続けていられるんです（笑）。

カラテカの入江慎也さんとは、こんなエピソードがありました。

僕が大阪から東京に出てきた時、「井上は先輩にも偉そうでイヤなヤツ」という噂が立っていたそうで、それを聞いた入江さんも僕と接するつもりなんかなかったと。

でも仕事で一緒になった時、普通に振る舞ったら「井上くん、超イイヤツじゃん！」と。聞いたら、そういう噂が流れていたことを知りました。その時に、隣に後輩もいて、後輩は僕のことを知っているから「井上さんは全然そんな人じゃないです」と援護射撃をしてくれました。そんなこんなで、入江さんとは今は、超仲良しです。

悪いイメージを逆手に取るぐらいタフになろう

噂の内容にもよりますけど、所詮、噂は噂。1〜2週間もすれば消えていくものだから、そんな不確定なしょうもない噂に振り回されて落ち込むぐらいだったら、それがプラスになるように噂をうまいこと利用したらいいんです。つまり、噂を逆手に取ろうという作戦です。

どういうことかというと、僕は、恋愛においての好感度というのは棒グラフだと思っています。悪い噂が立つと、棒はマイナス値のほうに伸びていく。でも「実はイイ人なんだ!」とわかったら、その伸びていた分だけプラス値のほうに反転するんです。イメージが悪いほど、棒が伸びた状態からのスタートなんで、一気に恋を成功させるロケットダッシュが可能になる。

だから、悪いイメージを逆手に取って「こう振る舞ったら、私、イイ人に見えるんじゃない?」ってことを研究すればいいんです。例えば「Aさんってスゴい遊び人らしい」って女子の間で噂になって、みんな警戒しているとするじゃないですか。でも何かのタイミングで一緒になった時に、遊び人とは真逆の、紳士的で優しい振る舞いを見せれば、「あれ？」ってなるはず。そういう時に「僕、チャラい男だと誤解されちゃうんだけど、全然そんなことないんだよ」みたいな〝君にだけ明かしてますよ感〟を出せば、「私だけがAさんのこんな一面に触れた」と心がざわつくはず。少女漫画でいうところの、「超不良がずぶ濡れの雨の中、捨て猫を拾っている姿を見てキュンとする」みたいな感じですかね。女性でも、セレブ気取りというイメージがついているなら、セレブとは程遠い、家庭的なお弁当を作ってくるとか。

とにかく、悪い噂というのは「自分はイイ人ですよ」という跳び箱を飛ぶためのロイター板みたいなもの。モテるためには必要不可欠な要素とも言えるんです。

Negative Reason

束縛が原因でフラれたのではなく愛情表現に対する価値観が合わなかっただけでは？

恋愛の悩みでよく聞くのが「ヤキモチを焼きすぎてしまう」というもの。ヤキモチを焼くことはイイと思うんです。男でも女でも、ガチガチに束縛されて初めて愛されていることを実感できるっていう恋愛観の人もたくさんいますし。

ただ、ヤキモチの押しつけはおすすめしません。

重度のヤキモチ焼き同士ならいいんです。要は凸と凹みたいなもんで、とにかく嫉妬深い人は「ヤキモチを焼かれたい人」を見つけないといけません。女遊びをしたい男性は、「女遊びも芸の肥やし。浮気のひとつやふたつ、見過ごしてあげましょう」みたいな彼女を作れば、ひとつの形に収まるわけじゃないですか。そこで「浮気は絶対に許さない！」っていう女性と付き合うから、うまくいかないんです。ヤキモチ焼きでネガティヴになるぐらいなら、自分の嫉妬深さを受け入れられない相手を選んでしまったことを落ち込んだほうがよっぽどいいと思います。

相手を束縛しすぎて別れを告げられたとしても、それはヤキモチを焼いたから嫌われたんじゃない。恋愛に対する〝価値観の違い〟でフラれているんです。

ヤキモチが、恋愛において相手を嫌いになる理由にはなりません。これはもう「みそ汁の味が合わない」というのと一緒です。長く付き合っていって結婚したとしたら、それこそ別れる理由なんてたくさん出てきます。だから「ヤキモチ程度で終わってよかった」とポジティヴにとらえるべきです。

僕ももともと、ヤキモチ焼きでした。

昔、付き合っていた彼女に「ケータイに入っている男の連絡先、消せ！」って言っちゃうタイプでしたから。でもこの世界に入って、自分以上のヤキモチ焼きと付き合った時に「嫉妬や束縛って、相手にこれだけしんどい思いをさせるんだ」と身をもって知ることができました。同じヤキモチ焼きでも、上には上がいますし、これは僕の思う、愛情表現の形ではないな、と。そこからはヤキモチを焼くのをやめました。

需要と供給のバランスが取れた恋をしよう

あなたがもし、嫉妬深い性格に悩んでいるのであれば、「自分はヤキモチ焼きです」と最初に公言することをおすすめします。

例えば合コンで「どんな人がタイプ?」って聞かれたとします。そこで「私、ヤキモチ焼きだから、それを許してくれる人がいい」って言う。そしたら「どれぐらいヤキモチ焼くの?」と聞かれるから、ウソをつかずに「昔、これぐらい束縛してフラれたことあんねん」って言ってみる。そこで「え〜、男からしたらキツいわ」っていう男は恋愛対象から外していけばいいんです。ただ、中には「そんなん、問題ないやん! 束縛されたいわ〜」って言ってくれる男もいる。そしたら、その人に狙いを定めればいいだけの話です。こういう束縛されたがりは男女共に確実にいますから、自信を持ってください。

愛情表現の形って、人それぞれだと思うんです。「ヤキモチを焼く」という愛情表現もあれば、「とにかくプレゼントをあげまくる」「相手にひたすら尽くす」「ただただ見守る」いろいろです。「プレゼントをあげまくる」が全員に当てはまるかといえば、「プレゼントにお金をかける人はイヤヤ」っていう人もいるし。尽くすのが正解かと思えば、尽くしすぎて浮気されたっていう失敗談もあるし。

つまり、愛情表現には100％正しいものなんてありません。

結局は、今、目の前の相手と価値観が合うか合わないかが勝負。ぜひヤキモチ焼きは、束縛されたがりを見つける旅に出てほしい。お互いに〝心の履歴書〟を見せ合って、恋の需要と供給のバランスが取れる人を見つけてください。

Negative Reason

高学歴すぎて敬遠されるのではなく原因はプライドの高さイメージを逆手に取って恋の勝者に

結論を先に言います。

高学歴が原因なのではなく、プライドが高いから敬遠されているんです。

例えば、僕が15年ほどお世話になっているロザンの宇治原史規さん。京都大学出身で超高学歴でしょう？　でも宇治原さんが結婚する前は、ＡＶの話や女の子の話で大盛り上がりでした。また、同じく京都大学の辰巳琢郎さんと、以前一緒に飲ませてもらった時のことです。最初こそワインのうんちくをしっとり語っていたかと思えば、２～３杯飲んだ後に酔っぱらって愛すべきおじさんに豹変してビックリしました。

２人に共通するのは、会話する時に、僕らと同じ目線に下がってきてくれること。人として最低限残しておかなきゃいけないプライドは残しつつ、邪魔なプライドは自らぶっ壊していくんです。だから人当たりがいいし、どんなに頭が良くても「同じ人間なんだ」と思える。でも外観を軽自動車に見せているだけで、積んでいるエンジンはF1カー並みなんですけどね（笑）。ビートたけしさんも高学歴。本当はめちゃくちゃ頭がいいのに、知識をひけらかさず、テレビではアホみたいなことばかりやっている。『行列のできる法律相談所』で知られる本村健太郎弁護士も東大出身ですが、テレビに出ると、きまってみんなからいじられています。でも、2人ともふとしたときに出る知性もあって、そのギャップが人気を集めていると思うんです。

高学歴だから敬遠されているんじゃないかと感じている人は、相手の目線に下がることをしていないんでしょうね。逆に「こっちの目線まで上がってこいよ」とあぐらをかいている人というか。要はプライドが高い。「頭がいいんだから、相手の立場ぐらい考えられて当たり前なんじゃない？　そんなこともできないの？」と。高学歴で嫌われる人＝勉強はできるかもしれないけど、コミュニケーション能力が低い人なんでしょうね。

どれだけ自分の殻を破れるかが勝負

頭のいい人は、コミュニケーション能力を養う時間を、すべて勉強に費やしてきました。たぶんみんな、「勉強」と「コミュニケーション能力」を別次元で考えてしまっていると思うんですけど、これまで効率的に勉強してきた人なら、コミュニケーション能力だって半年もあれば鍛えられるはず。能力の鍛え方について詳しくは第2章で書きますが、「高学歴」は意外に簡単なテクニックで人から好かれるようになると思う。

なぜ簡単かというと、高学歴に対するみんなのイメージ像がはっきりしてるから。普通の人はまず、自分がどういうキャラクターかを言葉や態度で伝えてから、そのイメージを裏切っていかないといけない。でも高学歴は「東大卒です」と言った時点で、とりあえず頭いいキャラクターが出来上がるじゃないですか。相手が勝手に「プライド高そう」「つまんないんやろな」と思っているところに、下ネタのひとつでも言えば「なんだ！　面白い人じゃん！」と一気に形勢逆転できる。他の人よりも恋愛に発展する時間がショートカットできるともいえます。

わかりやすいキャラクターをひとつ持っていることは、社会に出て恋愛する上での強みだと僕は思います。こんな最適な名刺はありません。芸人さんでもそうです。芸人さん＝チャラい。だったら普段はマジメにしていれば「イイ人」と思ってもらえる。

医学的にも証明されていますけど、特にあなたが男性の場合、女性は本能的に有能な遺伝子を求めるといわれています。つまり、高学歴という時点で、他より一歩、二歩リードしていることになる。あとは他の人と同じように振る舞えば、ずっと一歩、二歩リードしてるから、一番最初にゴールテープを切れるはずなんです。そこにプライドが邪魔をして、他の人と同じように振る舞えないから、抜かれてしまう。

とにかく「勉強せんと、もっと恋愛しとけばよかった！」「遊んでおけばよかった！」ではなく、今まで勉強してきたことを、モテるための武器をひとつ手にした！と思ったほうがいいです。

試しに男性は、飲み会でアソコを出してみてください（笑）。要は、男性も女性も、どれだけ殻を破れるかが勝負です。

Negative Reason

恋愛経験不足がゆえの惚れっぽい人は一歩リードしている

恋愛経験があまりなく、異性から優しくされるとすぐ好きになってしまうとお悩みの方。「人を好きってどういうこと？」みたいな人も多い中、幸せすぎる悩みじゃないですか。というか、「優しくされている時点で、あなたモテてるよ！」と言ってあげたい。「恋愛経験不足ゆえ、誰にも優しくされないです」は悲しすぎるけど、土俵に上がれているだけうらやましい。「他の人より一歩リード！」と思って大丈夫です。

よく聞くのが、あまりにも向こうが優しくしてくれるので、自分に好意を持っていると盛り上がったけど、向こうからしたらただの社交辞令だった……みたいなケース。僕が思うに、恋愛はひとつの勘違いから始まりますから。社交辞令をこっちが勘違いしたことで「ご飯行きましょう」って誘うわけじゃないですか。誘うから何か物事が動く。で、ご飯に行ってみたら、向こうがまた社交辞令で優しくしてきた。こっちはまた勘違いをする。

でも、それでいいと思うんです。その土俵にすら上がれずに悩む人が多い中、力を発揮できる場を与えられているわけだから、あとは自分がそこでどうパフォーマンスするかでしょう?

そうやって一つひとつの勘違いが、行動させるためのガッツを生むんです。出発点はどうであれ、段階を踏んでいって、向こうの「社交辞令」の優しさを「好き」の優しさに変えればいい。

あと「優しくする」という行為は、社交辞令や人柄もありますけど、少なからず1%でも愛がないとできないから。だから「優しくされてる」「すぐ好きになってしまう」ってことは、周りに恋愛に発展する可能性のある異性がたくさんいるってことです。であれば、みんなを好きになって、その中からひとり「大好き」を選べばいいんじゃないでしょうか。

「LIKE」は目の前にいっぱいいる。その中から大きい「LOVE」を見つけましょう。

Negative Reason

〝いい人どまり〟から脱却するには長期戦にへこたれない忍耐力と強靭な精神力が必要

僕がよく陥りがちなのが、好きな女の子の〝ベストフレンド〟になってしまうこと。結局、僕は相手の「友達カテゴリー」にしか入ってないわけです。でもポジティヴに考えれば、友達に入っている時点で、僕への最低限の愛情はあるはず。それをいかに「恋愛対象カテゴリー」に入れるかが勝負です。

じゃぁ恋愛対象になるにはどうしたらいいかというと、シンプルに「告白」。これしかないでしょうね。「フラれるのがイヤだから〝いい人どまり〟でええねん」っていう人もいますが、僕は、フラれる痛みと、万が一付き合えた時の喜び、どちらを経験したいかを天秤にかけたら、後者のほうが断然大きい。痛みなんて、まったく気にしません。

でもいい人どまりの人って、最初の告白では確実にフラれるんですよ。だって友達だから。でも僕は、7回告白してダメなら、8回目の告白をすればいいと思うんです。前作『スーパー・ポジティヴ・シンキング』でも書きましたが、要は、どれだけ相手に対しての愛情を注ぎつづけられるかだと思うんです。「女心と秋の空」ということわざじゃないけど、どのタイミングで、自分が相手にとっての恋愛対象に切り替わるかは本当に読めません。友達期間が長ければ長いほど、なかなか「恋愛対象カテゴリー」に切り替わらないかもしれないけど、ベストフレンドってことは少なくとも気は合うわけですから。そこは自信を持っていいと思います。

そして、もし告白してフラれたとしても、本当のベストフレンドなのであれば友達関係は壊れないです。もし壊れるようなら、そもそもベストフレンドじゃなかったってこと。

相手をオトしたいのであれば、友達でいる期間と同じぐらい時間をかけること。わかりやすいのは同窓会。学生時代にすごく仲良しだったけど、数年会わなかった。これっていったん「友達カテゴリー」がリセットされている状態じゃないですか。で、同窓会で久しぶりに再会して心がときめく。リセットから一気に「恋愛対象カテゴリー」にジャンプアップしたわけです。だから、もし関係を進展させたいなら、一度相手との距離をとって、「友達カテゴリー」をリセットしてみるのもひとつの手かもしれません。

友達以上の感情を徐々に匂わせることが大事

僕と同じく〝いい人どまり〟の方たち。P36の「好きな人に恋人がいる」ケースと同じように、相手の感情のバイオリズムが下に下がる時まで、なんとか耐え忍びましょう。ベストフレンドなのであれば、相手が弱まっているか否か、すぐ近くでわかりますから。

そして、ぜひ周りのネットワークを総動員して、相手が熱を出したら知らせてもらいましょう。熱が出たと知ったら、相手の家のドアノブにポカリスエットを下げて、「早く元気になれよ」みたいな手紙を入れておくんです。大事なのは、「友達だからやっているけど、でもこれって……友達以上の感じじゃない？」みたいな雰囲気を、徐々に徐々に匂わせていくこと。

さかのぼれば、もっと前に告白をしていたら、ベストフレンドにはなっていなかったわけで。恋愛において、一番よくないのは、〝友情〟か〝愛情〟かが、誘っている相手にはっきり伝わっていないこと。特に女の子の場合、こちらの真意がわからない時は、ほぼ〝友情〟だと感じていると思うんです。だから男性側は「あなたにご飯をおごったり、優しくしているのは、愛情だからやで」ということを早い段階で伝えないといけません。それなのに、向こうが友達として慕ってくれる居心地のよさにあぐらをかいて、友達以上の愛情を伝えることをサボッてきたのはあなたです。遅れを取り返すのは相当時間がかかると思ったほうがいい。

少女漫画を見てください。一巻目でベストフレンドだった2人が、付き合ってめでたしめでたしに至るまでには20数巻もの時間がかけられています（笑）。それぐらい、相手が自分を恋愛対象として見てくれるまでは果てしない道のりです。耐え忍ぶ忍耐力と、フラれても心の折れない強靭な精神力を武器に、この長期戦を乗り越えてください。

Negative Reason

オタクは文化! 人に言えないような「好き」の度合いなら応援するのをやめてしまえ

アイドル、漫画、アニメは、日本が世界に誇る3大文化。オタクが日本の産業を支えているわけです。オタクであることをネガティヴに考える必要なんて、まったくありません。

ただ、オタクをカミングアウトする前にやるべきこと。一度、鏡を見ましょう。バンダナを巻いていないか? チェックのシャツをケミカルウォッシュのジーンズにインしていないか? 僕が言いたいのは、オタクが問題なんじゃない。〝オタクっぽい雰囲気〟が問題なんです。

ここからは僕の勝手な想像ですけど、例えばアイドルオタクの場合。みんながみんな同じファッションなのは「単独で攻めるのが怖いから、群衆で攻める」という心理が働いていると思うんです。でも、ライブや握手会で好きなアイドルと目を合わせるためには、他の人と同じ服装では埋もれてしまう。その子のオンリーワンになるためにも、まずは見た目を変えることが先決です。

今でこそ、オタクの存在はだいぶキャッチーになりましたが、その一方で、オタクをカミングアウトできない人たちもいます。でも僕が聞きたいのは、「自信を持って人に言えないことを、本当に『大好き』と言えますか？」。僕もエステが大好きなんですけど、気持ち悪いと言われようが、その魅力をみんなに知ってほしいから、どんどん発信しています。人に言えないような「好き」の度合いなら、やめてしまえと思うんです。大好きな人や作品を応援したい、魅力を発信していきたいと思うことって素晴らしいじゃないですか。だから自信を持って発信すべき。

僕自身もコアなアニメオタクで、合コンでも、女の子たちに好きな漫画やアニメを聞くんですけど、「私も好き！」って子がいたりして「じゃぁ今度、漫画交換しようか！」となる。こうして恋に発展する可能性もあるわけで。思っている以上にオタク的な人はたくさんいますから、カミングアウトすることで、新たな出会いにもつながるはず。

だからこそ、もう一度言います。オタクをカミングアウトする、しない以前に、冷静な目で気持ち悪い雰囲気が出ていないか、鏡でチェックしましょう。

Negative Reason

『理想が高すぎる』は“イイ男、イイ女になるための努力してますよ宣言”

結論から言うと、理想が高くてもいいと思うんです。一度きりの人生、恋愛において妥協をするぐらいなら、結婚できなくても理想を追い求めているほうが幸せじゃないですか。

その代わり、理想が高ければ高いほど、自分もイイ男、イイ女にならないといけません。例えば僕の場合、「石原さとみさんと付き合いたい」という理想があります。……いや、現実になると思います（笑）。でももし今、付き合ったとしたら、さとみさんのほうが「なんで井上やねん」「もっとイイ男おるのに」って言われるでしょう。だからこそ、熱愛発覚した時「イイ男つかまえたな！」って言ってもらえるように、僕が上を目指して頑張るしかないんです。

つまり、理想を口にする以上は、それに見合った努力が必要ということ。仕事も恋愛もそうですが、理想って〝自分の夢見る未来〟なわけじゃないですか。夢見た未来を実現させるためには、現実を頑張らないと。努力をサボッて、理想だけ語る人はダメだと思う。でも、理想を掲げているということは、前に進むための情熱があるってこと。だから理想は大いに語ればいいんです。

一方で、理想と現実は違うものだということも頭に入れておいたほうがいい。理想があるからこそ、現実がいかに幸せなのかと実感できるともいえます。例えば、うちの母親がママさん会に行ったら他の旦那さんもいて、「〇〇さんの旦那さん、素敵ね。うちの旦那だったらよかったのに」みたいな理想をしゃべって帰ってくる。家でゴロゴロしている父親を見て「まぁ、この人が私にはお似合いかな」と思う。これが現実だけど、そこで初めて気づく相手への愛情もあるから。

逆に「理想は特にない」「常に現状維持でいい」みたいな人は、向上心がないなと思います。「理想が高い」と公言するのは、〝イイ男、イイ女になるための努力してますよ宣言〟みたいなもの。理想に見合う人間になるよう、この本を読んで自分磨きを頑張りましょう。

Negative Reason

笑いのセンスがないなら自分をおもしろくしてくれる人を探せ 笑わせ方の手段は人それぞれ

みなさん、笑いのセンスがある人ってどんな人を想像しますか? きっと『人志松本のすべらない話』に出てくる芸人さんみたいに、〝ひとりでしゃべってひとりで笑わせられて、オチまでつけられる人〟をイメージする人が多いと思います。それで言ったら、僕もお笑いセンスがありません。でも、後輩によく言うのは「自分では笑えることを言えないけど、おもしろい人といたらおもしろくしてもらえる」ということは往々にしてあります。

例えば、番組でインタビューされた一般の人。自分では自分のことをちっともおもしろいと思っていなくても、司会の人によっておもしろくしてもらえる。だから放送で使われるわけで。本当は笑える種を持っているのに、その表現方法がわからなかっただけ。自分ではない誰かによって、これまで開いていなかった引き出しを開けてもらった、みたいなことです。だから、自分はおもしろいことが言えないと悲観的になることはありません。

「笑いを取りたい！」という人は、自分の新たな魅力を引き出してくれる人と出会わなければいけません。バラエティ番組を見ても、いろんなタイプの芸人さんがいます。ひな壇には、出川哲朗さんみたいにリアクション芸で笑いを取る人もいれば、アンジャッシュの渡部建さんみたいにうんちくを語る人、狩野英孝くんみたいな天然もいる。で、それを全部笑いに変えてくれる司会の明石家さんまさんがいて。


その代わり、〝いじられる〟ということを受け入れてください。

下ネタにどうしてもついていけないなら、聞きながら、とりあえず笑っていたらいいんです。そうすれば、場が気まずくならないし、「下ネタは苦手やねん〜」って言いながらもニコニコしていたら、「苦手って言う割には、メッチャ笑ってるやん！」って誰かに突っ込まれて、それがまた笑いになるわけです。

「いじって笑いを取る人」「いじられて笑いを取る人」「ニコニコして笑いが取れる人」「いるだけで笑いが取れる天然」と、〝笑わせ方の手段〟は人それぞれ。笑いのセンスがないということをネガティヴに感じるのではなく、自分はどのタイプなのかを探っていく作業が必要です。

「おもしろい」ではなく「楽しい」人を目指そう

この本を読んでいる、特に女性のみなさん。「女子会」ってあるでしょ？　あそこに集まる女性陣って、言うたらみんな笑いのセンスがないじゃないですか。でもなぜかみんな死ぬほど笑っている。あれって「おもしろい」からではなく「楽しい」からなんです。「おもしろい」と「楽しい」は意味が違う。

死ぬほどひとりしゃべりがうまい人と、とにかく楽しそうにはしゃぐ人、どちらとディズニーランドで一緒に遊びたいかと聞かれたら、絶対後者を選ぶと思うんです。

みなさん勘違いしていると思うんですが、前者のような「おもしろい人」がモテるんじゃなく、「楽しい」人がモテるんです。テレビに出ている芸人さんは「おもしろい」も「楽しい」も両方持っているから、人気がある。笑いのセンスがないと感じている人ほど、あまりお笑い芸人みたいなことをしないほうがいい。

「楽しい」センスは、生きている人みんなが持っていると思います。

例えば、僕が子どもの頃にはやった連想ゲーム「マジカルバナナ」。あれって、誰がやってもキャッキャキャッキャ盛り上がったじゃないですか。もし相手を笑わせることでモテたいなら、合コンのゲームもそうですが、誰がやっても盛り上がるゲームや情報をどれだけ知っているかが、モテるためのカギになる。話の技術なんてどうでもいいんです。ぜひ「楽しい」人を目指してください。

Negative Reason

恋すると仕事が手につかない

両立したいならそれぞれの目標をひとつにしよう

仕事が手につかなくなるぐらい、好きな人がいるってステキなことです。年を取るにつれて、人の愛情ってドライになってくるし、仕事のほうが大事になってくるわけじゃないですか。そんな中「恋愛のほうが大事なんです！」と言えるのは本当にうらやましい。

かく言う僕も20代前半ぐらいまではそんな感じでした。当時、付き合ってた女の子にフラれたんですが、仕事をしていても上の空だし、ネタも考えずに彼女に会いに行っていました。振り返ると、そんなふうに恋愛に夢中になれた時代があって良かったなと思います。

仕事でミスをして落ち込んでいたら、恋人が優しくしてくれて、より絆が深まる……みたいなこともありますけど、僕の理論は「恋愛がうまくいけば、仕事もうまくいく」。例えるなら、進研ゼミの漫画みたいなもの。「勉強ができ始めたら、部活でも活躍できるよ！」みたいな（笑）。

やっぱり、恋愛している人ってキラキラしているんです。大切な人がいることで生きる活力が生まれるから、相乗効果で仕事も頑張れる。もし恋愛と仕事を両立できていないなら、恋愛がうまくいっていないということ。

「両立」って聞くと、難しい作業のように感じます。でも発想を変えればいいんです。恋愛に夢中だった20代前半を経て、仕事を頑張るようになった僕は、ある時、女の子に「仕事と私、どっちが大事なの？」って聞かれました。僕は迷わず「仕事」と答えました。だって、仕事を頑張らないとお金が稼げない。お金がないと彼女においしいご飯を食べさせてあげられない。でも彼女はなにも要らないから一緒にいてほしいと。

結局、彼女とは価値観が合わなくて別れてしまったんだけど、この経験を通して僕が伝えたいのは、仕事と恋愛、それぞれの目標をひとつにすればいいんです。好きな人にプレゼントを買うなど〝見える〟部分で幸せになってもらうために、仕事を頑張る。好きな人に〝見えない〟部分で幸せになってもらうために、恋愛を頑張る——。

仕事も恋愛も、頑張る理由は「好きな人のため」。こう考えれば、両立できる気がしませんか？

Negative Reason

青春時代にモテなかった人は地区大会で失敗しただけ全国大会で結果を残すほうがカッコいい

青春時代にモテてきた人が20～30代でモテないのと、モテてこなかった人が20～30代でモテるのはどちらがカッコいいか？　僕は断然後者だと思います。

10代の頃というのは〝素材〟の勝負。「運動ができる」「おもしろい」「頭がいい」。これが3大モテ要素でした。対して20～30代は〝調理〟と〝味付け〟の勝負なんです。3大要素にプラスして「仕事ができること」「お金を持っている」という2つのモテ要素が求められる。これは努力でなんとかなります。最初の3つが自分にないんだったら、残りの2つを必死に頑張ればいい。そうすれば絶対にモテるから。

10代の頃にモテなかったことがトラウマなのであれば、10代の頃にやりたかったことを20～30

代でかなえればいいし、10代でできてないからこそ20～30代で10代の希望を味わえるとは思うんです。

というのも、僕は19歳から20歳の間に童貞を捨てました。つまり……セーラー服を着た女の子と、愛を確かめ合う行為をしたことがないんです。だから20代になって、セーラー服のコスプレが異様にグッときてしまうわけで。これを10代の頃に経験していたら、ピンとこなかったかもしれない（笑）。

このように、10代の頃にモテなかったからこそ、20～30代でモテたり、楽しめる部分がいっぱいあると思います。それに10代までに出会う人間の数なんて、たかが知れています。小さな規模の話で、トラウマになる必要はありません。例えるなら、自分の住んでる地区大会で成績を伸ばせなかっただけで、20～30代の全国大会で結果を残すほうがカッコいいでしょ？　全国大会で結果を残せば、地区大会の人間は全員振り向きますから。

10代の頃の自分に振り向かなかった人を、20～30代で全員振り向かせればいいんです。僕も今、10代の頃に出会った女性たちに言ってやりたい。「逃がした魚は大きかったな！」って。

Negative Reason

ナルシストでも“むっつり”ではなく明るくオープンに！

ナルシストって、自分のことを大好きな人間じゃないですか。僕はそれの何がいけないの？と思います。

前作『スーパー・ポジティヴ・シンキング』でも書きましたが、自分のことを愛せないヤツは、他人から愛してもらう資格はありません。誰かに愛されたいのなら、その“誰か”はまず自分じゃないといけないし、「自分のことキライやねん」と言う人を、周りの人は好きにならないし。

「ナルシスト」自体、どこかネガティヴな言葉と捉えられがちだけど、言い換えれば「自信家」なわけです。例えばボクシング。辰吉丈一郎選手や亀田三兄弟が「ビッグマウス」ってよく言われるじゃないですか。あれはただの負けず嫌いってことではなくて、彼らは自分を奮い立たせるために「負けへんぞ！」という気力で闘っていると思うんです。強気な言葉を声に出すことで「自分は強い！」「自分は勝てる！」という自己暗示を心と身体にかけていく。そうやって本当に強いアスリートになっていくわけで。

ナルシストも、それと一緒。「自分は本当に愛されているのかな」「他の人にどう思われてるのかな」と不安に思うなら、自分で自分のことを全力で愛してあげたほうがいいし、自分で自分を愛しているってことを、声に出して言ったほうがいい。

僕からしたら、ナルシストをオープンにしないことが一番カッコ悪いです。「メッチャ鏡見てるやん」「好きやもん、自分のこと」って言えたら潔いじゃないですか。僕も自分大好きですよ。よく言うんですけど、僕の大好きな父親と母親の、愛の結晶なんですから、好きに決まっているじゃないですか。こう言われたら、ナルシストって、なんかいい感じするでしょう？　結局、モノは言いようです。

人は誰しもナルシストの部分がある

ナルシストにも2種類います。

こっちが「いじっていいのかな」「いじりにくいな」と気を使うのは「むっつりナルシスト」。

これが世間一般のナルシストに対する、ネガティヴなイメージですよね。であれば、みんながいじりやすく、場が明るくなるような「オープンナルシスト」になればいいんです。

僕がオープンナルシストの代表格だと思っているのが、明石家さんまさん。さんまさんの有名なエピソードに、自分の出演番組を見て、ずっと笑っているというのがあります。それって言い換えれば、超ナルシストなわけじゃないですか。自分の番組を見て自分で笑えるって、相当自分が好きじゃないとできないですよ。でもさんまさんはオープンですから、番組でそれを明るくしゃべる。だから周りがいじれるわけですよ。僕もナルシストをオープンにしているから、「実際に会うと意外にナルシストじゃないね」って、よく言われます。これがまたギャップにつながって、モテる。

とにかく、言うか、言わないか、気づくか、気づかないかだけで、人間誰しもナルシストなんですよ。例えば、デートの前日に「どの服を着ていこうかな」って悩む。これって「一番カッコいい自分を見せたい」「カワイイ私を好きになってほしい」っていう向上心の表れじゃないですか。僕からしたら、それも十分ナルシストです。でもそれはナルシストとは言われないけど、鏡でずっと服装をチェックしてるのは「ウザい」と言われる。

自分をよく見せたいと思うことに対して、否定的になる必要はまったくないと思いますね。見た目じゃなく、生きざま、心も含めて「ナルシスト」という言葉が似合う人間になればいいんです。

最後に、「ポジティヴなナルシスト」として人気を得ている僕からひと言。僕は、みんなから褒められたいし、みんなから愛されたい。だから、他の人より良く思われるよう並々ならぬ努力をして、今のキャラクターを確立することができました。僕は、なにかを極めて手に入れたキャラクターって、〝資格〟と言っていいと思うんです。だから、ナルシストも十分〝資格〟です！「僕、ナルシストって言われるのイヤなんですよね」と悩んでいるあなた。自信を持って「自分が大好きだ！」とオープンにしていきましょう。

Negative Reason

おしゃべりでも落ち込まない！その余計なひと言が誰かのガソリンになっている

「なんであんなこと言っちゃったんだろう？」って思った経験、一度や二度ありますよね。でも失言や余計なひと言って、気づかないうちに周りを元気にしていることもあると思うんです。例えばフラれた女の子がいたとします。落ち込んでいるそばから「ええやん！ 次見つけろや！」とか「元気出せや！ あいつがお前のこと好きって言うてたで！」とか、「なんでお前、今そんなこと言うねん」みたいなヤツいるじゃないですか。でもそういうおしゃべりな人がいるからこそ、周りでうまくいく恋もある。気づかないうちに、恋のキューピッドになっている回数は多いような気がします。

このひと言多いタイプは、前向きで明るい人が多いですよね。何においても素直な人というか、「これは言っちゃダメ」というストッパーがない。とにかく嘘がありません。

代表的なのが、千原せいじさん。せいじさんって、どこの国に行っても誰とでも友達になれるんですよ。こういうタイプの人って、ネガティヴで人見知りする人の盾になってあげるといいんじゃないかなと思う。引っ込み思案な人の気持ちを代弁してあげるとか。環境次第ではヒーローになれると思うんです。それでも、おしゃべりはおしゃべりなので、大事な秘密は話してもらえないでしょうけど（笑）。

ひと言多いと言われる人は、ひと言少ないより断然いいと思います。だってひと言少ないは何も伝わらない可能性があるけど、ひと言多いは確実に伝わるじゃないですか。モメる可能性はあるけど。ついしゃべってしまったことを悔いるぐらいなら、しゃべってしまった後に、どう謝れば許してもらえるかを考えたほうがいい。そこで素直に「ごめん！言わんでええこと言っちゃった〜」って謝罪上手であれば、「ほんと、気をつけろよ〜」っていじられて終わるだけ。誰も傷つきません。

会社の企画会議でも、こういう人のひと言が、誰かのヒントを生むこともある。おしゃべりな人って、自分では何も動かしていないように見えて、周りを動かすためのガソリンみたいな言葉をいっぱい発しているんです。あなたにとっての失言は、誰かにとっての金言かもしれません。

Negative Reason

相手に怒ってしまうのは「好き」の裏返し 短気は情が深い証拠である

「短気は損気」ということわざがありますが、怒りっぽい性格でもメリットはあると思います。

例えば、ダウンタウンの松本人志さんや木村祐一さん、千原ジュニアさん。お笑いにおける「しゃべりのプロ」といわれる先輩方ですが、みなさんは他の人に比べて短気だから、みんながスルーしてしまうようなおもしろいことに目をつけるわけじゃないですか。「そんなことで怒らんでええでしょ」というシチュエーションにイライラして、それが笑いにつながっている。もちろんお笑いの才能があってのことですが、短気だから気づくこともあると思うんです。

ただ、恋愛においては、怒りっぽい性格はあまり好ましくはないと思う。だって、男性でも女性でも、怒っている姿、怒られている姿ってカッコよくないでしょ。見ていて、こっちまでブルーな気持ちになりますから。とりわけ、女の子という生き物は、ほとぼりが冷めるまでなかなか許してくれませんし（笑）。それでも唯一、短気で怒りっぽい人が輝く瞬間があります。それは、自分の愛する人が傷つけられた時。この場合は、絶対に短気じゃないとダメです。相手がピンチの時、ただヘラヘラしていて怒らない人はモテません。短気だからこそそのパワーは、親や友達や恋人、そういう大事な人が傷つけられた時のために温存しておくのがいいと思います。

怒るは怒るんでも、怒り方にもよりますね。今までいろんな女の子の話を聞いていて思うのは、「彼氏と喧嘩したら、関西弁で怒鳴られるから怖い」っていう人もいるけど、それより「淡々と冷静に怒っている人のほうがイヤ」という人のほうが圧倒的に多い。それまでは仲良くしゃべっていたのに、「あ、大丈夫ですよ。そんなことしなくていいですから」って、急によそよそしい敬語を使い始めるみたいな（笑）。

僕は、せっかく喧嘩をするんだったら、冷静さなんか捨てて、お互いの感情を思いきって吐き出すほうがいいと思う。感情と感情をぶつけ合って初めて出てくる本音もある。より2人の絆を深めるためには、喧嘩をいい刺激にしてほしいなと思います。

短気は、互いの愛情を測るバロメーター

僕も短気なほうですが、この「短気」の定義って難しい。例えば、彼女がデートに1時間遅刻してきたとします。「なんで遅れてくるんだ！」と怒ったら、「もう、短気なんだから」って言う人がいます。でも僕は、怒られて当然だと思うんです。だって2人の約束を破っているんだから。人として怒らないといけないシチュエーションは、絶対にある。

「怒る」という感情は、相手を好きじゃないと芽生えないものです。好きだから「もっと良くなってほしい」「もっとこうなってほしい」という期待を込めて怒るのであって。僕も、面倒見ている後輩が何か失礼なことをした時は、ものすごく怒ります。でも同じことを、初めて会った後輩がやっても怒りません。それは愛情がないから。恋愛においても、恋人と長く一緒にいたいから、デートで遅刻したら怒るんです。ということは、自分が好きな人から怒られるか怒られないかは、相手の愛情を測るバロメーターともいえます。

ラーメン店のラーメンに髪の毛が入っていて「おい！」って店員に注意するのも、そのラーメンに思い入れがあるから。同僚が入れてくれたお茶に「まずいねん！」って言うのも、裏を返せ

ば「もっとおいしいお茶、入れられるはずやろ！」という期待から。

そう考えると「怒りっぽい人」というのは、見方を変えると「すべての事柄に愛を持って接することができる人」かもしれない。「情が深すぎる」ともいえます。だから周りから「短気だね」って言われたとしても、「ごめん！　すべてのことに愛情が深すぎんねん！　もっとみんなに良くなってほしいねん！」って胸を張って言えたら、相手はぐうの音も出ないだろうし、同じ「短気」でも、すごくポジティヴに聞こえる気がしませんか？

Negative Reason

なんでも疑う性格のおかげで未来で失敗しないための努力ができる

懐疑的な性格——僕からしたらまったく悩む必要はないと思う。

「これは、果たして自分にできることなんだろうか?」「これは正しいことなんだろうか?」「この先どうなっていくんだろうか?」みたいに、いったん自分が置かれている状況を疑ってみることによって、自分に何が向いているかがハッキリするんです。

人間のできることには限界がありますから、「できないこと」に対して、一生懸命になるのは時間の無駄です。ならば、「できること」を探して、それに対して、努力をする。それが一番です。スポーツでもお笑いでも、何かに成功している人って、自分ができることを見つけるのが早くて、なおかつ、できることだけを努力している。だから成功するんです。

疑い深いことにネガティヴになるぐらいなら、できないものに対して「ハイ! 無理!」っていうハンコをどんどん押していき、消去法で自分の可能性を見つけて、伸ばしていけばいいんです。何かに対して疑いの目を持てたとしたら、「やっと自分ができること、正しいと思うことがわかったやん！　よかったやん！」って思うようにすればいい。発想の転換で、人はいくらでもポジティヴになれますから。

物事を疑う目線がないと、何事も成長しない

疑い深い人って、人の言動の裏を読んで素直に喜べない人というイメージもあります。「今、すごく褒められているけど、実はこの人、裏で悪口ばかり言っているんじゃないか……」とか。でも僕は、そういう疑い深い性格って、表にさえ出さなければ、長所になると思うんです。要するに、相手に対して防御線を張っている人なわけですが、逆にいえば、相手に期待してしまうがゆえに傷つくことが怖い人といえるかもしれない。そして、ポジティヴにとらえれば、疑い深いからこそ、ひとつの事柄に対していろんな角度からの考え方ができる人とも言えます。

自分のことも人のことも、一度疑ってみる。だから、他の人に比べて、人生における失敗率は低いんじゃないかと。

例えば、発明家のライト兄弟を見てください。２人は「空飛ぶ乗り物を作りたいねん！」って、

キラキラした真っすぐな気持ちで言うわけです。それを全員が「絶対いける！　やろうぜ！」と盛り上がっていたら、たぶん成立していないと思う。「いや、無理やって！」「ダメダメ！　不可能！」と疑ってかかる人たちがいたからこそ、２人で試行錯誤を重ねて、偉大な発明が生まれたような気がするんです。

僕らＮＯＮ ＳＴＹＬＥも、Ｍ－１グランプリで優勝した時、「これで絶対に売れるぜ！」なんて思いませんでした。逆に「優勝したけど、この先、大丈夫かな？」「どうしたらええかな？」って不安になって。そうやって自分たちが置かれている立場を一回疑うから、未来で失敗しないための努力ができて、今があるんです。ということは、懐疑的な視点がないと、何事も成功しないともいえます。

時には人に嫌がられたりすることもあるでしょうけど、いろんなことを疑ってかかるということは、それだけより良い未来にしたいから努力して、一歩成長できる。

これまで何度も言っていますが、非モテタイプの私たちは努力しなければ、モテないです。疑い深い感情は、努力の種になるよってことですね。

ブラックマヨネーズの吉田敬さんも、いつもうがった方向で物事を見るから、想像もつかないおもしろいことが言える芸人さんです。そして「絶対に笑いでは負けへん！」って人。それって、未来をより良くしたいという気持ちの現われでもあるわけで。

僕が思うに、何事にも疑い深い人は、それだけ打ち負かしたい標的が、周りにたくさんいるということです。あとは、そいつに勝つための自分磨きを頑張ればいいだけだから。

懐疑的な性格のおかげで、また人間として一回り大きくなれるチャンスをつかんだって思えばいいんです。

Negative Reason

料理下手がダメなのは苦手なことを克服しようとする向上心がないから

昔は、どの家庭にも「料理は女性がするもの」という固定観念がありました。台所に男性が立つなんてもってのほか。料理は女性らしさの象徴でした。

でも今は〝料理男子〟という言葉がはやるぐらい、手料理を振る舞いたい男性が増えている。女性が料理を上手にできなくも、「それだったら僕が作るよ！」って言ってもらえるようになった。だから女性は料理が下手でもいいと思うんです。

ただ、料理が苦手なことを、そのまま放置しちゃいけません。

余談ですが、僕、「ABCクッキング」に通っている子って、カワイイなと思っていて。なぜなら、みんな料理が苦手だから通っているわけでしょう？　料理上手だったら通わなくてもいいわけだから。いかにたくさんの料理のレシピを学べるかももちろんだけど、それ以上に「料理を勉強したい！」という向上心こそ、女性を輝かせるスパイスになるんです。

「手料理」は、男性にとっても女性にとっても、気になる相手との関係を一気に進めるのにぴったりのキーワードだと思います。例えばこんな会話。「料理とか作るの？」「まったく作らへんねん。覚えたいけど、どうやっていいかわからへんねん」「じゃぁ教えたろか？」「うん。じゃぁ今度家に来て料理教えてよ」。どうですか？　このイヤらしさを微塵も感じさせず、相手の家に自然に行ける流れ。気になる女性から「今度、私の家に来て、料理教えてくれへん？」なんて言われた暁には、男性はみんな「ＯＫ！　ごはん食べ終わった後は〝違う料理〟も始めましょうか！」って腕を振り回して駆けつけると思います（笑）。もちろん、そこでエッチする、しないは別ですけど。

肉じゃがともう一品のみ作ればいい

僕は作ってもらったことがないですが、お弁当を作れる人はモテると思います。

〝弁当男子〟もはやりましたしね。２人でデートした時に「お弁当作ってきてん」。職場で「よかったら、お弁当作ったので、食べてください」。これはもう確実に相手のハートをつかみます。

だから料理がうまくなくてもいいから、弁当を作れるようになったほうがいい。

でも、料理下手な人が、いきなり何品も料理を作るのって、なかなかハードルが高い。では、どうしたらいいか？　もしあなたに口説きたい男性がいるなら、最初は冷凍食品を詰める練習をしましょう。ポイントは、いかに彩りよく詰められるか。それと、ウソでもいいから、母親におかずを作ってもらって弁当を持っていくんです。男性は本当に単純な生き物なので「うわ～、おいしいやん！」となって、簡単にダマされて、胃袋をつかまれるはずです。いったん胃袋をつかんだらこっちのもの。次に料理を振る舞うときまでに、母親から料理を教えてもらえばいいんです。ここで、先ほどの「実家暮らし」がメリットに転じるわけです。

料理が苦手な人って、あれもこれも全部覚えようとするからパニックになりがち。でも僕の統計によると、同棲でもしない限り、早々に手料理を振る舞うシチュエーションなんてめったにないですから。肉じゃがともう一種類ぐらい作ることができれば十分です。だから結婚や同棲までの期間に、料理がうまくなりたいという向上心を持ちつつ、手っ取り早く母親のお弁当作戦で胃袋をつかむ。そしてつかんでいる間に、頑張って料理を修業する。

恋愛関係が深まるのに比例して、料理の腕が上がっていく。まさに一石二鳥じゃないですか。

Part 2

戦略と技術で場数を踏み、恋をつかめ

Yusuke's Advice

「出会いが少ない」は言い訳 恋のきっかけはあちこちに転がっている！

『テラスハウス』みたいな出会いなんてない

序章でも触れましたが、「恋愛できないのは、出会いが少ないから」と嘆いている方の多さに驚いています。「出会いがない」のは、恋を探そうとする努力をしていないだけ。出会いがなければ、出会いの場に行けばいいんです！

この章を読み進めてもらうに当たって、最初に言っておかなければいけないこと。

第1章の「理想が高すぎる」で語ったこととちょっと矛盾するけど、『テラスハウス』みたいなオシャレな出会いなんてありません。白馬の王子様が迎えに来てくれるなんて夢物語です。

もっと〝現実〟を見てほしい！

恋を始める上でやらないといけないことは、わりと限られています。「ナンパ待ちをしてみる」「友達に紹介してもらう」「婚活サイトや相席屋を使う」「SNSで知らない人に話しかける」「合コンを開く」などなど。学校や職場以外の場で相手を探すなんて当たり前の時代、人の目なんて気にすることはありません。自分でもできそうなことから試してもらいたいなと、僕は思います。

渋谷のスクランブル交差点に、一日立ってみる

まずは「ナンパ待ちをしてみる」。僕が出会いを求める人によく言うのは、「渋谷のスクランブル交差点で、一日中立っていてくれ」と。特に女性の場合、かなりの高確率でナンパされます。こっちがナンパ待ちじゃなくても、ずっとウロウロしていたら、ナンパ待ちだと勘違いされるわけです。誰かが話しかけてきたら、声をかけてきた人の中で、タイプの人について行けばいい。

手持ち無沙汰であれば、地図を広げて、一日中立ってみてください。「迷子ですか？」って話しかけられますから。僕の持論ですが、日本ほど人に優しい国ってないと思うんです。そういう国で生まれ育っているわけですから、心配しなくて大丈夫。話しかけられる状況さえ作れば、絶対に話しかけられます。もちろん、そこから会話を広げる努力も怠ってはいけません。

この本を読んでいる人の中には、ナンパという響きに、拒否反応を示す人もいるでしょう。でもSNSで知らない人からメッセージをもらって、そのアイコンがタイプの人だったら、ちょっとやりとりしてみたいと思いませんか？　その会話をきっかけに、実際にプライベートで会いましょう！となったら、これって十分ナンパでしょう。だから一回ダマされたと思って、ナンパ待ちしてみてください。ただし、詐欺にだけは気をつけて！

友達から紹介される恋は、わらしべ長者みたいなもの

もしナンパがイヤなら、友達に頼むしかありません。

この場合、厄介なのは、友達が、自分のレベルを下に見て紹介することが多いです。なおかつ、その友達が付き合いたいと思うような相手ではなく、眼中にない人を紹介してきます。友達からしたら、いいなと思っている女性を紹介して、もし僕に横取りされたら困るわけです。ということは、紹介の場に、イイ男やイイ女がやって来る可能性は限りなく低い。

僕も後輩から「兄さん、誰か女の子紹介してください」と言われたとしても、自分が口説きたい女の子に「女の子を集めてよ」って絶対に言わないですから。「友達に紹介してもらう」パターンは、紹介する人が1位のポジショニングでいたいことが多いので、1回目の紹介には期待しな

いほうが無難です。

でも、スタートはそれでいいんです。そこで仲良くなって、後日、その人からイイ男、イイ女を紹介してもらえればいい。いわば、恋人探しはわらしべ長者みたいなもんです（笑）。

「相席屋」ブームは、出会いを求める人が多い証拠

次に、「婚活サイトや相席屋を使う」。いわゆる、出会いを他人が斡旋してくれる場所のことです。「婚活」はずいぶん前から聞く言葉ですが、一方の「相席屋」は、今、めちゃくちゃブームになっています。相席屋というのは、見ず知らずの人と相席になっておしゃべりをするというコンセプトの居酒屋。合コンと違って、事前にセッティングをする必要もないから、ふらっと行って飲めるのがウリなんですが、そこにタイプの異性が同席したらラッキーです。

相席屋がはやっているということは、それだけ出会いを求めている人が多いってこと。だから「出会いがない」なんてことは絶対にありません。

「そんな場所で出会うのなんてイヤ！」なって言う人に対して、ちょっとキツい言い方をすると、僕は恋する資格がないように思っています。恋愛に対して文句を言うな、と。恋愛に対して愚痴

をこぼしていいのは、恋を頑張ってモテている人だけ。これは恋愛に限ったことじゃないけど、何の努力もしていない人間が、がむしゃらに前に進んでいる人に文句言うのは、違うと思います。

モテない人たちが、これから何を頑張るかといったら、「出会いがない」ことを言い訳に恋をサボッている人を見下すために頑張るんです。自分を変えたくて、この本を手に取ったなら、婚活サイトに登録したり、相席屋に行く勇気も芽生えているはずです。

SNSでの出会いの鉄則「アイコン写真で嘘をつかない」

SNSの中でも、一番気軽に異性と知り合えるきっかけになるのが、Twitterです。例えば、知らない人と相互フォローしたとする。その後、ダイレクトメッセージのやりとりをする。10回ぐらいやりとりしたら、自然と「じゃあ、LINE交換しません？」という展開になる。そうしてLINEを交換してから、1週間ぐらいやりとりをした後、「どこかに、ご飯食べに行きません？」って自然な流れで誘えばいいと思うんです。

結局、ナンパもSNSも、会ってしゃべるってことでいうと〝初めまして〟なわけです。ナンパは、いきなり出会うところから始まるので警戒しがちですが、SNSは、お互いの警戒心を段階踏みながら解いていくことができる。ただ、特に30〜40代の人の中には、「SNSで出会うのなんて……」って敬遠している人もいると思うんですよ。でも今はもう、そんなことを言っている時代じゃありません。わかりやすいところでいえば、オリエンタルラジオの（中田）敦彦と福田萌さん夫妻の交際のきっかけは、Ｔｗｉｔｔｅｒです。お互いにフォローし合っていて、敦彦の人柄に惹かれた福田さんのほうからダイレクトメッセージを送って、そこから実際に会って、結婚にまで至っている。出会いが豊富にある有名人でさえ、ＳＮＳを出会いのきっかけにしているんですから、敬遠する必要はまったくないんです。

出会いのためにＳＮＳをやってみようと思い立った方にひとつ言いたいのは、アイコンを自分の写真にするべきです。かつ、アイコン写真で嘘をつかないこと。今はアプリでいくらでも自分を〝盛る〟ことができる時代。でも写真で嘘をつくと、その分ハードルが上がるから、実際に会った時に幻滅される可能性が高いんです。逆に、嘘をつかずに写真を公開して、それでも会ってくれる人って、こちらの見た目はもうクリアしているから、あとは印象が上がるよう努力すればいいと思います。

恋愛における、ＳＮＳの賢い使い方は、第３章で書きます。

Yusuke's Advice

それぞれのコミュニティで自分が一番生きるポジショニングを探れ

チーム戦に挑むために、まずは友達を作ろう

僕は、恋愛は個人戦ではなく、チーム戦だと思っています。そのためには、いかに戦力となる仲間を集められるかがカギを握ります。ここでは、その仲間の集め方とポジショニングについて解説します。

チーム戦に挑むには、学校や会社、その他いろいろな場所で、友達を作ることが何より先決。なかなか人に話しかけられない……という人は、僕の経験談をぜひ参考にしてください。

大学の頃の話です。僕が行った大学は同じ高校から入学した人間が、ひとりもいませんでした。大阪で育った人間が兵庫に行き、全国各地から集まる大学に入ったら、とにかく人数が多くて。小中高と少人数の学校で育ってきた僕は、かなり不安になりました。

知り合いはいないし、しゃべるヤツもいない。でも、大学の講義の時に、ワーッと騒いでいるおしゃべりなヤツを見つけて。試しにそいつの後ろに座ってみると、向こうから「自分、どっから来たん?」って話しかけてきたんです。「あぁ俺、大阪から」「よろしくな〜」となって、そこから一緒に過ごすようになって。彼のおかげで、いろいろと友達の輪が広がっていきました。「モテないな」「コミュニケーション取るの難しいな」と思ったら、コミュニケーション能力の高い人の近くに、そっといるだけでいいんです。能力の高い人は、周りのみんなをハッピーにさせたいから、近くにいたら「一緒にしゃべろうぜ」って誘ってくれるんです。

どのコミュニティにも、漫画でいうところの〝空気の読めないおせっかい〟って必ずいます。最初は気が合わなくても、その先に広がる何かが必ずある。言葉は悪いですけど、その人を利用するのもひとつの手だと思います。結局、彼とは3カ月ぐらいしか一緒にいませんでした。そうやって気の合う仲間をどんどん増やしていった結果、2回生になった時には、僕から1回生に話しかけることができたんです。もう1年、経験は積んでいるわけですから。

会話の中に、相手が引っかかるワードを入れてみる

誰かと仲良くなるには「話しかけられる状況を自分から作り出す」というのは、第1章で書きました。それを、会社や学校でも実践しましょう。

ベタなところで言うと、メガネだった人がコンタクトで登校してきたら「どうしたん?」となります。会社だったら、スーツからシャツの襟をわざと出してみる。絶対に誰かが「襟、出てるよ」って話しかけてくる。これを3〜4日間続けたら「今日も出てんでー、襟!」となって、ドジキャラとして存在感を発揮できます(笑)。

会話の中に、相手が引っかかるようなワードを仕込むのも重要です。例えば、会社は渋谷にあって、自宅は二子玉川にあるとします。「いつもどうやって二子玉川から会社まで来てるの?」って聞かれたら、「歩いてきてんねん」って答えてみる。そうすると、「えー? 歩いて?」「しんどくない?」って、向こうから勝手に話しかけてきます。それに受け答えさえすれば、会話成立。

ただ、嘘をつくと後々バレるので、1回だけ二子玉川から渋谷まで歩いてみて、しんどさを経験しないといけません。行く途中に何があるかを見ておけば、その後ずっと電車で行き来してい

たとしても、話す内容にリアリティは出るわけです。芸人さんでもエピソードトークをしゃべる時に、０の話を無理やり１００のテンションでしゃべっても、どこかでウケなくなってくるし、プロが見た時に「あぁ、あいつ嘘をついているな」ってバレてしまう。でも二子玉川の話みたいに、１の話を１００でしゃべれば、種は本当だから、咲いた花が嘘だったとしても本当に見えてくる。だから、そういう引っかかりを作るためには、一回実践することが大事です。

コミュニティによって、ポジションをチェンジ

さて、コミュニケーション能力を鍛えて、戦力となる友達ができたら、いよいよ恋愛におけるチーム戦に挑みましょう。チーム戦で求められるのは、〝戦力バランス〟。僕と同じようなタイプが10人いてもダメ。じゃあ、僕がモテるためにはどうすればいいのか？　僕という人間が一番生きるような人を集めるんです。例えば、自分を立ててくれる後輩であったり、ちょっとおしゃべりが苦手な人だったり。

だからこの本を読んでいる、おしゃべりが苦手な人は、人付き合いが得意な戦力を誰でもいいからつかまえてくること。細かいことは、自分の代わりに、その人が全部やってくれます。連絡先だって交換してくれます。

例えるなら、〝サッカーチームの采配〟みたいなもんです。自分がディフェンダーのポジションなのであれば、とりあえずミッドフィルダーの友達を作るんですよ。そいつがパスをさばいてくれるから。

コミュニティによっては、当然、僕のポジショニングも変わります。

僕が後輩とばかり飲みに行くとして、そこでは先輩だから、一番カッコつけて飲めるわけです。ところがイケメン俳優の会に行ってしまうと、顔では勝てないから、ポジションチェンジしないといけません。後輩の前ではカッコつけて飲んでいたのに、こっちのコミュニティでは、積極的におしゃべりをしていかないといけない。

僕がつくづく思うのは、恋愛におけるチーム戦って、バラエティ番組と一緒だと思うんです。要するに、自分はそこに〝司会者〟として参加しているのか、〝ひな壇芸人〟として参加しているのか、それとも〝番宣俳優〟として参加しているのか――。そのコミュニティに合った役割を、きちんと見極める必要がある。

どういうことかというと、例えば、知らない女の子が、僕に会いたいと言っているとします。で、飲み会を開くことになった。この時の僕は、〝番宣俳優〟になります。「君たちに会うために、僕が来ましたよ！」みたいな（笑）。一方、飲み会の主催者だったら〝司会者〟になるし、先輩に呼ばれて行く会なら、先輩の恋を盛り上げる〝ひな壇芸人〟になります。

　お笑いでもそうですけど、バラエティ番組をひとりでやっても、なかなかおもしろくはなりません。レギュラー、ゲスト出演者がいて、そこに先輩や後輩がいれば助けてくれるし、たとえ自分がスベッても、誰かがフォローしてくれる。恋愛においても、この〝チームワーク〟が非常に生きてきます。


　僕がモテるモテないは別として、ネットワークだけはめちゃくちゃ広い。特に、僕はテレビに出る職業なので、知り合いが多ければ多いほど、僕のことを好きだという人を周りが自然に探してきてくれるんです。今、僕のスマートフォンのアドレス帳には、大体２５００人ぐらいのアドレスが登録されていますが、２５００人から、また外側に広がっていく。友達が「井上君のこと、好きやっていう子がいんねんけど」となったら、こっちはもう、番宣ゲストとしてチーム戦に臨めばいい。

　恋愛というチーム戦においては、チームの中で自分が生きるポジションで出場することが大事なんです。

男と女の戦略渦巻く合コンは相手の出方を把握し、主導権を握ること！

異性を口説きたいなら「座敷のある店」を選ぼう

恋のチャンスがゴロゴロ転がっているのが、合コンです。それぞれの思惑が渦巻く場所で、モテない人が輝くために気をつけなければいけないこととは何か。

数多くの合コンを経験してきた僕が、その一例を教えます。

合コンする日が決まったら、まずやらなきゃいけないのは、お店選びです。

僕が常にこだわっているのは、絶対に「座敷のあるお店」に行くこと。特に男性の大多数は、最終的に女の子をどうにかしたいと考えています。どちらかの家であったり、ホテルに行きたいと考えている。そこで座敷がなぜ効果的かというと、靴を脱ぐという、この絶妙なアットホーム感が、女の子を開放的な気分にさせてくれます。

それに、女の子の中には、たまに『クレヨンしんちゃん』や『妖怪ウォッチ』など、ちょっと変わった靴下をはいている子がいて。そういう子は必ず、「え～、靴、脱ぐのイヤや～」って恥ずかしがると思うんです。でも、座敷だからしょうがない。そこですかさず「なんなん？　その靴下！」ってひといじりすれば、相手とのコミュニケーションが生まれるし、向こうの恥ずかしさも消えます。逆に考えれば、女の子の場合、もし向こうから話しかけてもらいたかったら、変わった靴下をはいていってください。一気に打ち解けられるはずです。

そのうち、飲んでいてちょっと酔っ払ってきたら、男性も女性も、絶対に片方の手で身体を支えます。テーブル席だと、椅子の背もたれに寄りかかる形になるけど、座敷だと背もたれがないから、どちらかに身体を傾けるようになる。こうなると、人って絶対、無意識に好きな人のほうに身体が傾くんです。周りから見たら「こっちがタイプなんやな」って見分けることができます。

座敷をオススメするもうひとつの理由は、ミニスカートをはいている女の子がいた時に、自分が着ているシャツやジャケットを、彼女の膝にそっとかけてあげられること。「汚れたらいけないし、下着が見えてもいけないから」みたいに善意をアピールすることができます。もしかしたら、飲んでるうちに、女の子が服の上にお酒をこぼしてしまうかもしれません。「クリーニングするよ！」「ええよ、別に」「いや、でも悪いから……」「じゃあ、お願いしようかな」。これで次、シャツを返してもらうために、もう一回会える口実ができました。または「ええよ、俺、自分でクリーニングするから。その代わり、今度もう一回デートしてや」みたいなことも言える。

これが、僕の編み出した「男は、合コン行くなら上着羽織れ」理論です。

座敷のメリットは、まだまだあります。

立ち上がってトイレに行く時に、あわよくば座っている女の子の頭をポンポンってできます。もちろん、いきなりやるのはＮＧ。酔っ払ってきてから、相手が自分のことを「ちょっといいな」と思い始めてくれているかどうかも見極めないといけないポイント。〝頭ポンポン〟って、女の子の「ちょっと好き」な感情を、「メッチャ好き」にはさせられるんですけど、好きでもなんでもない場合は、一気に嫌いになるという諸刃の剣的なアクションですから！（笑）かなりのリスクを伴う行為なので、くれぐれも慎重に行ってください。

そして、動きやすい座敷のほうが、ボディタッチの回数も格段に増えます。テーブル席だと、何かこっちが冗談を言った時、女の子は「ちょっと～！」と〝肩〟を叩いてくる。でも、座敷だと「もう～！」って言いながら〝太もも〟を叩くんです。男性からすると、股間の近くを叩かれているって、なんというか……ちょっと勘違いしてしまうんです（笑）。太っている男性が「めっちゃおなか、太ってんねん」と言ったとする。すると、女の子は何気なく「え〜、触らせて！」って、おなかを触ります。男性における下腹部、もっというと股間付近はとても大事なテリトリー。その下腹部に近いおなかを触られた時点で、男って単純だから「あぁ、この子、僕のこと好きなんかもな」って思ってしまう。だから、気になる男性がいるなら、二の腕を触るより、断然、腹筋を触ってあげてください。その際、いかに股間に近いところを触るかがポイントです。

そして、これはちょっと高度なテクニックですが、座敷なら、テーブルの下でみんなに黙って、そっと手を握っていてもバレません。これがテーブル席だと、ずっと手をつないでいたら、片手が上がってないのを不自然に思われるんです。でも座敷なら、さっきも書いたように片方に身体をもたせかけて話しているので、手を握っていても、周囲からは見えません。

女性陣は、トイレに全員で行くのをやめたほうがいい

合コンでよくあるシチュエーションのひとつに、女性陣が全員トイレに行き、その間に男性陣による〝どの子を狙うか、そしてこの後どうするか〟を決める会議があります。

でも僕はあえて言いたい。女性の方々、全員でトイレに行ってはダメです！

僕が提唱したいやり方は、女性をひとりだけ席に残しておく。すると、男性は会議できないでしょ？　大事なのは、いかに男性のほうに主導権を握らせないか、なんです。結局、男性は女性とカップルになりたかったり、家に行きたかったりするわけです。女性が全員トイレに行くと、男性は男性で「お前、誰がええの？」っていう男性会議をして、席替えタイムになる。一方、女性からしたら、その合コンに〝逃げ道〟を作っておく必要がある。合コンの流れを男性の意のままにしないためにも、トイレに全員で行くのはやめたほうがいい。

だからこそ、女性が合コンで男性をゲットしたい場合、女性のほうから、席替えを提案してください。男性からしたら、やっぱり隣に女の子がいてほしいわけです。でも早い段階で、自分から「席替えしよう！」と提案したら、もしかしたらチャラいと思われるかな……とか、いろいろ考えてしまう。

ここで女性の出番です。言い方のタイミングとしては、席に着いて、ちょっと飲んでしゃべって、少し時間が経ってから「男性、女性で固まっているのもつまらないから、そろそろ席替えしよう～！」って、かわいく言ってください。すると、男性陣は「あ、この子たち、ガッツがあるな」「今日の合コン、アグレッシブに臨んでいるな」と思って、「もしかしたら、この後、誘えるかも……」って勘違いをしてしまうんです（笑）。

女性が合コンでモテるためには、いかに男性に「今日、抱けるかも」と期待感を持たせるか。

そのうえで、最終的には、抱かせない！（笑）要は、ミステリアスな部分を残しておくことが大事です。これが合コンにおける、女性側の鉄則だと思います。

それと、合コン中、絶対にやっちゃいけないのは、携帯電話を頻繁に見ることです。ここで重要なのは、携帯は見ちゃダメだけど、テーブルの上には出しておいたほうがいいということ。

例えば、相手が携帯をテーブルに出していたら、鳴っているか鳴っていないかは、バイブでもある程度わかります。「この人、電話めちゃくちゃかかってくるやん」「恋人、おんのかな」「チャラいのかな」「男友達かな、女友達かな」とか、いろいろ詮索をするわけです。そこで、逆に女性の携帯が鳴った場合、僕は「ええよ。彼氏からだったら、電話出ぇや」って、ひと言声をかけてあげる。そこで、向こうが「大丈夫、大丈夫。彼氏おらんし」って言ってきたら、相手に今、恋人がいないことが確定します。「ちょっと一回見るね。あ、全然、大丈夫やった！」だったら普通の友達なのかな、とか。そこで、携帯を見ようともしない人は、何かを隠しているっていうことだから、怪しいと思ったほうがいいです。

携帯電話をテーブルの上に出しておくのって、全部をさらけ出している感じがあります。だから、合コンで気になる人がいたら、その人が携帯を出しているかどうかをチェックしましょう。後々、もし自分と付き合った時に、すべてをさらけ出してくれる人なのかどうかを判断することができますから。

そのほかにも、「今、この瞬間が楽しすぎるから、携帯を触らない！」みたいな人もいます。携帯が鳴った時に「いいの？　出なくて？」「いいねん！　この会が楽しすぎるから、邪魔せんといてほしい！」って言われたら、こっちまでうれしくなって、合コンがさらに盛り上がります。

それに「ＬＩＮＥを交換しよう」「連絡先を交換しよう」となった時に、携帯電話をいちいちバッグから出していたら、気持ちが冷めちゃうんですよね。サラッと交換したほうが、お互い気持ちいい。そういう意味でも、携帯はずっと出していてほしいんです。

この本を読んでいる人は、しゃべりが下手な人が多いと思いますが、携帯ひとつ出しておくだけで広がるトークもあるから。「最近のおすすめのアプリないの？」「うわっ、そのケース、メッチャかわいいやん！」とか。話のネタになるものは、全部テーブルの上に出しておいたほうがいいんです。

〝2人だけの共同作業〟で好意をアピール

そんなこんなで酔いも回ってきて、いよいよ、ひとりの子に照準を絞っていく時間です。ここでは、どんな戦略と技術が必要なのか？

僕が若い頃の話をすると、例えば、合コンに4人の女の子が来たとします。その中にいるCちゃんを他の男に取られたくないなと思ったら、「俺、Cちゃんみたいな子、めっちゃタイプやわ」って宣言するんです。そしたら、Cちゃんに小さな受け皿ができる。「Cちゃんみたいな子と付き合えたら幸せやろうな～。俺、Cちゃんが彼女やったらよかったのにな～」とか、言葉はなんでもいいんです。早い段階から「4人の中ではアナタが一番ですよ」と相手にわからせるんです。

その代わり、Cちゃんにだけ言ってしまうと、Aちゃん、Bちゃん、Dちゃんは援軍になってくれない。だから先に、4人に万遍なく同じ優しさを振りまくことが大事。で、きちんとAちゃん、Bちゃん、Dちゃんを味方につける。で、味方についたなと思ったら、Cちゃんにだけ「めっちゃタイプ」とアタックする。4人同じように優しくしていても、Cちゃんのゲージにだけ、愛情がたまっていくんです。そしてAちゃん、Bちゃん、Dちゃんは、僕をいい人だと思ってくれているから、Cちゃんを口説く時に助けてくれる。

とはいえ、このやり方は、ちょっとストレートすぎるので、コミュニケーション下手な人におすすめな、別の方法を教えます。

実践する前に、まずやっておかなきゃいけないのが、「女性にサラダを取り分けさせない」こと。女性からしたら、「気が利いて女子力の高い子」というアピールをしたいのかもしれませんが、本心で取り分けたがっている女性ってあまりいないと思うんです。だから僕はこう言います。「もう自分が食べたいもんは自分で取ろう。取ってほしかったら言うわ。遠いところにある料理だけ、お願いしようよ」って。

こうして、誰かひとりが料理を取り分けるというルールがなくなりました。次に何をするかというと、自分のために取り分けてほしい相手を指名するんです。少し離れたところにある唐揚げを取ってほしい場合、普通ならAちゃんに頼んだほうが近いけど、Bちゃんのことが好きだったらBちゃんに頼みます。そうすると、Bちゃんに対して〝君は僕のものだよ感〟が出せるというか（笑）。これはもう、無意識レベルの話。結局恋愛って、さっきも書いたように「どちらが主導権を握るか？」がカギになってくる。僕は並列なんて絶対にないと思っています。

何か特別な会話を交わさなくとも、「ごめん、Bちゃん、その唐揚げ取ってくれる？」「うん、全然大丈夫」。こういう何気ないやりとりが、合コン中何度もできるし、必然的に目が合う回数も多くなる。この数をどんどん増やしていくこと。こうすると、周りの男性陣に対して、会議せずとも「あ、井上さんは、今日この子がお気に入りなんだな」ってわからせることができるし、女性陣も「Bちゃんを狙っているのね」って気づくでしょう。早い段階で、暗黙の〝タイプですよ感〟を出しておくのが、わかりやすいと思うんです。

女の子って「みんなに優しい人って、誰が好きなのかわかんない」ってよく言うでしょう？　みんなに優しくて、ひとりにだけ飛び抜けて優しくすることってなかなかできません。だから逆に、こっちから「僕にだけ優しくさせる方法」を取るんです。本当に細かいところなんだけど、飲み終わったグラスをテーブルから下げる時に「ちょっと、そっちに持っていってくれる？」と言って、グラスを渡すとか。無意識に2人だけの共同作業をさせるというか。効果があるのかどうかはわかりませんが、僕はよくやっています。

お会計の時間は、男の度量がわかる正念場

そして、最後にお会計です。モテるためにも、男性はスマートにキメなければいけません。女性はこのタイミングで、全員トイレに行くのがいいかもしれないです。もちろん〝私たちも払いますよ感〟は出しつつ。

たとえキッチリ割り勘だったりしても、女性はイヤな顔ひとつしないのが鉄則です。もし100円単位まで割り勘にするようなケチくさい男性が出てきた場合は、あえて女性が多めに払ってみる。そうやって、男の度量を測ればいいんです。幹事がもしお金に細かい男で、端数まできちんと割ろうとしたとする。めんどうくさくなった女の子が「だったら私、4000円払うよ！」って言う。そこで「いいよいいよ、俺が払う！」って言う男性は、頼もしく映りますから。

合コンにおいての僕の持論は、「男性は、絶対に女性におごること。おごるために仕事を頑張って、金を稼ぐこと。女性は、おごられるのが当たり前と思うな」。

極論を言えば、男性の場合、モテたいならお金が必要です。お金を出さないと、女性はついてきません。もしお金がなくて女性におごるのが厳しいなら、今は、安くてうまい店なんて死ぬほどあるわけですから、必死になって調べればいい。要は、これまで何度も書いてきた〝努力〟と〝ガッツ〟があるかどうかです。

そして女性の場合、おごられるのが当たり前と思っている感じが、男性たちにバレてしまうのは美しくない。おごってもらった時に、必ず「ありがとう」って言いましょう。みんな気づいていないと思っているだけで、女性の言う「ありがとう」に気持ちがこもっているかどうかを、男性は感覚的に見抜いていますから。

そして合コンの締めくくりで忘れちゃいけないのは、ＬＩＮＥのグループを作ること。こうすれば、強制的に全員の連絡先を知ることができます。グループを作ってから、メンバーを追加するかしないかは、あなた次第。グループも作らず、連絡先も聞かずにバイバイだと、出会いは一向に広がりません。出会いって、一瞬一瞬ではなく、その先にあるものなんです。

以上が、合コンで少しでもモテるようになるための鉄則です。

デートの鉄則は「背伸びしてもいいけどジャンプはしない」自然体で〝居心地のよい〟時間を演出

初めてのデートは、目的を持った誘い方に

デートの誘い方には、いろんなパターンがあります。

自分に自信がなければ、第1章の「ファッションセンスがない」で書いたように、「誰かのために何かを買う」デートにするのが一番いいと思う。「友達のプレゼントを買ってあげたいねん」とか「母親に誕生日プレゼントを買ってあげたいから、一緒に選んでくれへん?」とか。

要するに、目的を作った誘い方をすること。つまり、相手に対し、デートに参加する理由を用意してあげるんです。

誰かのプレゼントでなくても、「どうしても行きたい店があんねんけど、ひとりで行く勇気が

ないねん。一緒についてきてくれへん？」でもいいと思います。これが「ご飯行かへん？」「映画見に行かへん？」だったら、相手に「ＯＫした時点で『好き』と思われたら困る」というように、気を使わせてしまう。

相手の警戒心を取り払う意味でも、最初は「理由があるから行く」デートを計画したほうが、いいと思います。

肝心なのは、目的のプランを終えた、その後の行動です。

例えば「母親にプレゼントを買いたいから」という理由で、一緒に買い物をしたとします。そしたらそのまま帰るのではなく、「時間が余ったから、映画でも見に行く？」となれば、いやらしさもありません。

初デートで気をつけたほうがいいのは、こっちは2人で行きたいのに、向こうが「友達も呼んでいい？」となった場合。ここで慌ててはいけません。大事なポイントは、友達がついてくるのを否定しないこと。そして、友達に「彼女のことが好きだ」と打ち明けるんです。鏡の反射みたいに、自分の思いをその友達に伝えさせるんです。

どういうテクニックが必要かは、Ｐ１５２の「告白編」で解説します。

自分を知ってもらうためにも、無理は禁物

全員で盛り上がることを目的とした合コンと違って、デートの店選びは、相手の嗜好もあるから難度が高い。

僕の場合は、女の子とご飯に行くことになったら、事前に「食べたいもんとか、好きなもんある？」と聞きます。「焼肉が好き」「ハンバーグが好き」という答えなら、「わかった！　オススメ探すわ」と言って、そこから店を探します。肉という食材はわかったわけだし、そこまで失敗することはありません。ただ、「なんでもいいよ。好き嫌いないし」と言われたら、死ぬほど探します。そんなピンチの時に役立つのが、周りの友達。「○○ちゃんって、何が好きなの？」「いつも、どんなお店に行ってるの？」って片っ端からリサーチをかけていくんです。

また、店を選ぶ時には、無理は禁物です。

例えば、好きな女の子をフランス料理店に連れて行ったとしても、自分が普段フランス料理を食べたことがないのであれば、ちっともカッコつかないわけで。だから、自分がこれまで経験したことのある中でも、ベストなお店に連れて行くのがいいと思います。僕も普段、赤ちょうちん系の大衆的なお店に行くことが多いんですが、その中でも一番おいしい店を選んだりします。

無理をしない、等身大のデートがなぜ大事なのかというと、もしその子と付き合えたら、デートは永遠に続くわけです。1回目で無理をしすぎると、それ以降、ずっと頑張らないといけなくなる。たとえ嫌われてしまうとしても、最初のデートで普段行っているお店に連れて行き、自分の人間性を知ってもらったほうがいい。

デートというのは、相手に「自分」という人間の取扱説明書を作らせるためのパーソナルデータを与えることだと思うんです。「私はこういう人間です」と。だからこそ、無理をしないほうがいい。恋愛において常に気に留めておかなきゃいけないのは、「背伸びはいいけど、ジャンプはしない」こと。背伸びって、自分の肉体でできる最大限だからいいけど、ジャンプは、地面から足が離れてしまうから、身動きが取れなくなるんです。とにかく、自分の好きな人には、無理をしない。自分のできる最大限のことをしてあげるのが一番です。

誘う時、いかに〝相手に断りやすくさせてあげるか〟

初デートを終えて「まだまだ相手のことを知りたい！　次も会いたい！」という場合はどうすればいいのか？　もちろん、最初のデートの雰囲気、感触、手応えによっても、誘い方が大きく変わってくると思いますが、モテない人が陥る一番よくないパターンのひとつが、「しつこい」。誘い方が「ねちっこい」とか（笑）。

僕の場合は、最初のデートで別れた瞬間、すぐ相手にメールします。文面は、「今日は来てくれてありがとう。気をつけて帰りや」のみ。向こうからも社交辞令的に「こちらこそ、ありがとう」って返ってくる。その日のやりとりは、これで終わり。翌日は「おはよう。昨日のデート、めっちゃ楽しかったわ〜。今日も仕事、頑張れるわ」というメールをします。返事が来なかったら、とめておく。それで2〜3日たって「今度また、デート行かへん？」って誘います。デートの翌日にまた誘うのは、うっとうしいと思われてしまいます。

それと、第1章の「いい人どまり」のパターンでも話したように、友達だと思われたらダメなわけです。最初から男友達、女友達というカテゴリーに入れられてしまうと、なかなか恋に発展しにくいから。だから、2回目のデートへの誘い文句としては、男性なら「〇〇ちゃんに食べさせたいもんあんねん」とか、女性なら「一緒に行きたいところがある」みたいな、ちょっとだけ特別な感じを盛り込んだセリフが理想的。

これで相手が乗ってこなければ、残念ながら脈ナシの可能性が高いです。1回目のデートが楽しくなかった可能性もあります。でも「食べさせたいもんあんねん」っていう誘い方にすれば、大体が「え？　なに？」って返事が来ます。さっきも話したように、こっちは友達という名のスパイたちから、すでに相手の好きな食べ物は調査済みなので（笑）、「〇〇っていう焼肉屋なんやけど、焼肉好きなんやろ？」「えー！　好き好き！」「今度、一緒に行こうや」とラリーが続けば、社交辞令でも「行く！」となる。そこで初めて「いつにする？」と具体的に日時を決めていけばいいんです。

ポイントは、既読スルーされないために、社交辞令でも返したくなるようなメールの文面を考えること。「○○ちゃんに、食べてほしいものあんねん」だったら、その食べてほしいものが何か、相手はすごく気になるはず。それが自分の食べたいものと合致すれば、次は、どこの店かが気になる。要は、ちょっと返事をしやすくさせてあげるメールを送ればいい。

初めてのデートに誘う時もそうですが、〝いかに相手に断りやすくさせてあげるか〟がポイント。そして、断りやすいメールを送っているにもかかわらず、どうしたら「行きます」という答えを引き出せるかが、駆け引きとしてとても重要なんです。

大事なのは、相手に「居心地がいい」と思わせること

最初のデートでは、友達としてではなくて「人間としていい人だな」って思わせることができたらいいんじゃないかと思います。加えて「この人と一緒にいると、居心地がいいな」と思わせることができたらパーフェクト。1回目はそんな感じで、2回目は「10~20％ぐらいの好き」が伝わる誘い方、3回目は「好きだから、2人でどこか行こうよ」という誘い方、そして4回目で

正面切って告白……というふうに、どんどん段階を踏んで、相手に「好き」という感情を伝えるやり方のほうが、特にモテない人たちには効果的だと思います。

僕が思うに、モテない人って、居心地が悪いんです。2人とも黙った瞬間に、「うわ、何を話そう……」って相手に気を使わせてしまう。でも居心地がいいと、2人とも黙っていても、その感覚が心地いいから、気まずさを感じないんです。となると、やっぱりさっきも書いたように、無理しないほうが一番だし、お互いが自然体のほうがいい。

デートには、正解がありません。だからこそ、人見知りやコミュニケーションが苦手な人は、ちょっとベタだけど、映画や遊園地、水族館みたいなデートスポットをオススメします。理由は、デートの間、〝2人の共通の感想文〟が書けるから。ディズニーランドなら、アトラクションに乗った感想を言い合う。映画なら作品の感想、水族館なら魚について話し合う。これが、いきなり公園のベンチに座っておしゃべりするのが理想でも、いきなりは無理があります。

ドライブデートなんていう高度な手もありますが、コミュニケーション下手の人には、あまりオススメしません。というのも、車があるほうがモテるはモテるけど、車ってやっぱり閉鎖的空間だし、どちらかが話さないと、会話が成り立たなくなります。それよりも電車やバスに乗ったほうがいい。オープンな空間にいるからこそ、会話に困った時に、自分たち以外の人が、みんな話のネタになってくれます。

おしゃべりが苦手だからこそ、相手が目に入ったものを見て、勝手にテンションが上がる場所に行ってしまえば、こっちはしゃべらなくてもいいわけです。

ただ、しゃべらなくてもいいけど、「この人と一緒にいると、なんか楽しい」って思わせたい。要は、「吊り橋理論」と一緒で、何かを見て「キャー！」って盛り上がるのと、「恋のドキドキ感」は同じ。テンションが上がっている女の子の隣に僕がいることで、女の子は「井上さんがいるから、テンションが上がっているんだ。これって好きなのかも？」と錯覚するんです。

そのためには、相手をどこに連れていったら、テンションが上がるのかを知らないといけません。周りの友達は、その時のためのスパイでもあるんです（笑）。

Yusuke's Advice

モテない人の告白の鉄則は いかにフラれるリスクを減らして 相手に気持ちを伝えるか

好きな子をオトすなら、おしゃべりな友達に相談

最後は、いよいよ「告白」です。

僕が子どもの頃は携帯電話やインターネットがなかったので、今の時代の失恋より、もっとつらいフラれ方を経験しています。それに比べて、10〜20代は、携帯電話に加えて、メールやＬＩＮＥがあって、告白する方法なんていくらでもあるから、たとえフラれたとしても、そこまで痛手は大きくないと思うんです。

僕からしたら、フラれることを恐れて、告白をためらうなんて、本当にもったいないです。

ここでは、自分に自信のない人たちが、いかに傷つかずに相手に気持ちを伝えるか。その方法をいくつか伝授したいと思います。

前作でも書きましたが、僕の場合、好きな女の子に気持ちを伝えたかったら、ダイレクトに告白をせずに、〝間接的な告白〟をします。

どういうことかというと、さっきのチーム戦理論ともちょっと似ているんですが、好きな人に告白したいなら、まず、相手の友達の中でも、特におしゃべりな友達に相談するんです。もちろん、ターゲットの好きなものや行ってみたいところ、好きなタイプを聞いたり、相談ができるというメリットがありますが、大事なのはそこではありません。この作戦が有効なのは、特に相談相手が女性の場合、絶対本人にバラすんです。

例えば僕がAちゃんを好きだとします。

ダイレクトに気持ちを伝えてフラれてしまったら、関係が崩れるし、職場でも気を使うことになる。でもAちゃんの友達のBちゃんが「井上さんがAちゃんのこと、好きだって言ってたよ～」っておせっかいにしゃべる。ここでAちゃんが「え～、タイプじゃないし」って僕を否定したとしても、それをBちゃんが僕に伝えなければ、僕は向こうの気持ちを知らないまま、普通に

Aちゃんと接することになる。AちゃんはAちゃんで、リアルに告白されているわけじゃないから、あからさまに僕を避けることもできないわけです。

そうやって接していくうちに、Aちゃんは次第に僕のいいところが見えてきます。彼女からすると、イエスノーで返すことができない〝間接的な告白〟だけが心の中に残っていて、それをどこかで意識し始めてしまうんです。

例えば僕がAさんの代わりにゴミを捨ててあげたら、「井上さん、自分のことを好きやから、親切にしてくれてるんや」「優しいな」「もしかしたら、こんな人が彼氏でもいいのかもな」って思ってもらえるかもしれない。そのうち、Aちゃんの中に、自然と僕からの愛情が蓄積されていくわけです。この過程で、Aちゃんから告白してくることもあるかもしれません。

で、Aちゃんが、ちょっとでも僕に心を許してきたら、こっちはもともと好きだから「あれ、僕のことを好きになってくれてる？　いけるかも……」となる。そしたら〝本気の告白〟をすればいいんです。

Aちゃんにとっては2回目ですけど、僕からしたら1回目の告白。そうやって、いかにフラれるリスクを減らして、相手に好きだいうことを伝えるかが大事です。

「イエスノー」を求めない、ちょっと変化球な告白も

おしゃべりな友達を経由する告白の他に、もうひとつ、特に若い方にオススメしたい告白があります。

これはちょっと、勇気が要るやり方ですが、「イエスノーは言わなくていいから、これだけは聞いて」と前置きをしてから「僕はあなたのことが好きなんです」とだけ言うんです。もしくは「答えなくていいんで、これだけ聞いてください。好きなんです」とか。

もし相手が僕のことを好きなら「実は私も好きだったんだ……」となるでしょうし、僕のことを好きじゃなくても、こっちは「答えなくていい」と言っているので、「ノー」とは言われないわけです。1回目からこっちがフラれている前提で「好きなんです」と思いを伝えつつ、「もし、僕のことを好きになったら、付き合ってほしい」と無言のアピールをするという、ちょっと変化球な告白です。

変化球な告白のテクニックはまだあります。

僕は好きな子に告白する時に、「ごめん」って謝るところから始めます。「ごめん、好きになってもうた」と。で、相手の答えは求めません。「俺が勝手に好きになってしまってん。ごめんな〜。

でも、これからも仲良くしてな」って言えば、告白はしているけど、フラれてもいないし、向こうにもしんどい思いをさせない。
それが僕の告白のやり方です。

モテない人は、「好き」をどれだけ持続できるかがカギ

好きな人をオトしたい時、モテる人は、短期戦でいいと思いますが、モテなければ長期戦を視野に入れるべきです。

僕が考えるに、モテる人というのは、愛情表現をショートカットしがちというか、言い方が悪いかもしれませんが、表現が雑。だから、モテない人がモテる人に勝ちたいと思ったら、「好きだよ」という気持ちをひとつずつ、時間をかけて丁寧に伝えていくことしかないと思うんです。そうやって相手のゲージを、「好き」でいっぱいにしていくことが大事です。

でも人間は欲深い生き物だから、2～3年片思いというのは、とてもしんどい。だからこそ、相手への「好き」という気持ちを、どこまで持続できるかにかかってくるんです。だって、どのタイミングで相手の心の門が開くのかはわからないし。「絶対に、この人をオトすんだ」と決め

て、自分の気持ちが折れるまでとことん闘えばいい。
恋って、結局は、自分との勝負なんです。

"イイ男島""イイ女島"に渡れたら……

タイプ別 最強の口説き文句はコレだ!

ルックス抜群タイプ

"あなたがモテないなんて
周りに見る目のある人が
いないんだね。自分は
めちゃくちゃステキだと思うよ"

「イケメン」「かわいい」と言われ慣れている人は、「そんなことない」と否定します。だから、褒め方にひねりを加える。周りの環境をディスって、そんなあなたの前にイイ男、イイ女が現れたことを気づかせてあげるんです。

TypeA

セレブ&金持ちタイプ

"お金で買えない
楽しさをあげる。
思い出は、プライスレス!"

お金持ちはいろんな遊びを知っています。だから逆に、こっちが行きたいところに案内してあげるのが理想のプラン。激安居酒屋でもいいでしょう。そこで「これを食べさせたかってん」みたいに言えば、キュンとくるはず。

TypeB

頭がいいタイプ

“恋の方程式、解いてみませんか?”

好きな人が高学歴だった場合。頭がいい人というのは、男女共に謎を解きたがるもの。なので、恋愛においても難問を投げかけてあげましょう。あとは「あなたの遺伝子がほしい」とか……ちょっとストレートすぎますか(笑)。

TypeC

仕事バリバリタイプ

“もう頑張らなくていいよ”

仕事を頑張る人って、どこかに連れて行っても、遊ぶことを頑張ってしまう人が多い。だから告白のシチュエーションとしては、相手の家をオススメします。相手が何も考える必要のない、無の時間を与えてあげて、穏やかな告白を演出！

TypeD

異性の友達が多いタイプ

“周りに人がいっぱいいるから、独り占めできないな”

相手が異性の友達に囲まれ、1対1のデートに誘えない時。こういうタイプはモテているからこそ、「独り占めできないから」といったん突き放されることで、逆に追いかけたくなる。これがフラれずに告白するやり方！

TypeE

アーティストタイプ

“あなたの思い通りにやればいいと思うよ。自分はついていくだけだから”

独自の世界観に浸り、自分を曲げたくないタイプの人には、相手を肯定し「あなたの世界の住人になる」という意思表示が大事。相手がミュージシャンなら、デートの後「これでステキなラブソングが書けるね♥」で決まり！

TypeF

おっとり癒やしの草食系タイプ

まだ見たことのない
世界を見せてあげる

TypeG

僕がイメージしている草食系は、オシャレな代官山蔦屋書店をウロウロしているインドア派な人（笑）。これはもう、超肉食系で口説くしかありません。デートは、富士急ハイランドなどアクティブな場所へ誘いましょう。

攻撃的な肉食系タイプ

自分、思ってる以上に
Mなんです

このタイプは攻めたい人が多いから、こう言われたら「おぉ、どれぐらいや」ってなるはず（笑）。さらに「思ってる以上に」と付け加えることで、「自分でも気づかないMの部分をあなたに引き出してほしい」とアピール！

TypeH

ミステリアスタイプ

何かあったら
いつでも言って。
ひとりでいたくない
時は自分がいるよ

TypeI

こういう孤独を愛するタイプは、何も言わずにずっとそばにいるのが大事です。言葉とかではなく、いかに相手にとっての〝空気〟になれるか。そうして、相手がふと気づくとあなたがいた……という展開が理想的です。

Part 3
さらにモテるためには SNSとLINEを賢く使おう

Yusuke's Advice

好きな相手のパーソナルデータを集めるツール＝SNS〝恋愛詐欺〟で勝ち組になれ

この章では、ＳＮＳやＬＩＮＥを効果的に使って、自分をアピールし、恋の勝ち組になるためのテクニックを解説したいと思います。

たぶん僕は、芸能界の中でいちばんＳＮＳやＬＩＮＥの使い方が上手です。やっているのは、ＴｗｉｔｔｅｒとＦａｃｅｂｏｏｋ、そしてＩｎｓｔａｇｒａｍ。Ｔｗｉｔｔｅｒは、日々のつぶやきと〝ポジティヴ返し〟がメイン。自撮り写真や動画は、Ｉｎｓｔａｇｒａｍにあげるようにしています。ギャラリーを見た時に、僕の顔がバーッと並んでいるほうがおもしろいでしょ。Ｆａｃｅｂｏｏｋは、２つアカウントがあって、Ｔｗｉｔｔｅｒとリンクさせていますが、他の人のページを見るぐらいで、今はあまり活用していません。

僕は経験ないですけど、ＳＮＳで知り合い、意気投合して恋に落ちるのは、全然〝あり〟だと思う。ＳＮＳをやっているほうが、圧倒的に出会いの数は多いですし。相手にＤＭを送るのは、昔でいう、小瓶に入れて海に流した手紙が、１００％相手に届くみたいなものです（笑）。

もしあなたに好きな人がいる場合、ＳＮＳを見れば、相手の誕生日、趣味、交友関係、好きな食べ物、なんでも把握できます。それと、誕生日がわかるのも大きい。例えば、先輩の誕生日。Ｔｗｉｔｔｅｒで「おめでとうございます」と言っているヤツが結構いるんですけど、僕はＤＭ派。タイムライン上だと、情報が流れるのが早すぎて見過ごされる可能性があるのと、「〝おめでとう〟と言っている自分を見てください」と思われるのもイヤで。千原ジュニアさんが結婚した時も、ジュニアさんにメールを送りつつ、その後、タイムラインに祝福のコメントを書きました。

写真アップで、いかに相手の好奇心を刺激するか

モテない人は、まず好きな人のＳＮＳをひたすらチェックして、情報収集をしましょう。恋愛において、こんなに便利なツールはありません！　いきなり好きな人にメールを送れないのであれば、Ｔｗｉｔｔｅｒがオススメです。どちらかというと遊びのツールだし、「おはよう」「なにしてるの？」みたいな何気ないひと言も、気軽に送れますから。

情報収集をする上で、特にチェックしたいのは、やっぱり写真。相手のＩｎｓｔａｇｒａｍに、彼氏の写真が載っていたとして、それがチャラい系だったら「自分は違うアプローチで攻めてみよう」みたいに戦略を練ることができます。

ＳＮＳを使う側としては、すべてを知れるＳＮＳだからこそ、ミステリアスな部分も残さないといけません。例えば、好きな子のＳＮＳに「２人でお酒飲んでま〜す！」ってコメントと共に、２人が写っている写真があがっていたとします。自撮りで撮っているのか、第三者が撮っているのかは、写真の撮り方でわかるもの。明らかに第三者が撮ったふうの写真なら、本当は男と飲んでいるんじゃないか？と考えて、こっちはすごく気になるわけです。僕もグラビアアイドルの子とご飯を食べていた時、女の子の方が「今、女友達とご飯食べてます！」って写真をあげようとしていたから、「俺、撮ろか？」って聞いたら、「あ、ダメなんです。自撮りふうに撮らないと、ファンの人にバレちゃうんです」と。

ってことは、それを逆手に取れば、本当は２人で飲んでいるのに、３人で飲んでいるようにもできる。文章と写真の組み合わせ次第で、いくらでも場を演出することができるわけです。あとは、いかにそのテクニックを使って、気になる相手の好奇心を刺激するか、です。

こうしたＳＮＳを使った〝恋愛詐欺〟、僕は大いにやればいいと思います。もちろん、本当の詐欺はしたらダメですけど、恋愛詐欺をいっぱい働いて、その中から〝本物の愛〟をつかまえることができたら、その人は勝ち組ですから。

口説きたい相手のパーソナルデータを集めることができ、恋の駆け引きにも使えるＳＮＳのおかげで、昔より、今のほうが断然恋人を作りやすい時代になりました。それに、コスプレイヤーやＶｉｎｅユーザー、ユーチューバーなんかもそうですが、人間、どこかに〝見られたい欲〟があって、それをかなえてくれるのもＳＮＳ。自分に合っているかどうか、やるかやらないかは別ですが、時代を作る人っていうのは、やっぱりＳＮＳを駆使していると思います。

まだＳＮＳを始めていない人は、試しにＴｗｉｔｔｅｒからやってみるのはどうでしょうか。その時は、第2章でも書いたように、アイコン写真で嘘をつかないこと。自分を盛らない。ひょっとしたら、石原さとみさんが、あなたの顔がどストライクな可能性だって、０・０００１％ぐらいはあるかもしれないですから（笑）。

次のページからは、ＴｗｉｔｔｅｒとＦａｃｅｂｏｏｋ、そしてＬＩＮＥを使い、恋をつかむ方法について、解説していきます。

Yusuke's Advice

Twitterはフォローひとつで愛情の深さを示す足がかりになる

Twitterで僕がこだわっているのが、フォローした後のこと。

気になる女の子のアカウントを見つけたら、すぐフォローだけして、相手には言いません。で、ある時、「フォローしてくれてたん?」と聞かれたら、こう言います。「前から好きで、フォローしてたてん」。これって「ずっと前からあなたに興味ありましたよ」って感じがします。「好きやねん」と「ずっと前から好きやってん」だったら、後者のほうがうれしいでしょ。「これまで意識してなかったけど、あの時の優しさは、私のことが好きだったからか!」って、どんどん伏線が回収されていく。まるで『名探偵コナン』の世界です(笑)。

大事なのは、いかに「好き」の総量を多く見せるかということ。「今だけじゃなくて、前からずっと愛情はあったんですよ」「長いこと片思いしていたんですよ」っていうほうが、愛情が伝わります。フォローひとつで、愛情の深さを示す足がかりができるわけです。だからこそアカウント名とプロフィール写真は、本人だとわかるものにするべきです。
それと、もうひとつ。Ｔｗｉｔｔｅｒは、別のツールと組み合わせて自動つぶやきが設定できます。例えば女の子の誕生日。「誕生日祝いたいねんけど、仕事で遅くなるわ。Ｔｗｉｔｔｅｒで仕事のこと書いとくから」って言って、とりあえず相手がタイムラインを見るように仕向けておく。で、本当は東京にいるのに、自動つぶやき機能を使い「今、新大阪にいます。これから帰ります」みたいな位置情報込みのツイートをして、相手に「今日は遅くなるのかな」って思わせる。その10分後に、彼女の家を訪れるというサプライズ（笑）。Ｔｗｉｔｔｅｒに限らず、ＳＮＳは自分の位置をわからせることもできます。危ない面もありますけど、恋の駆け引きやサプライズには、ピッタリのツールなんじゃないでしょうか。

最後に、ＴｗｉｔｔｅｒとＬＩＮＥメールを、同じジャンルで考えちゃいけません。後輩が気になる女の子にＬＩＮＥメールをしたところ、既読になっているのに返事が来ず、Ｔｗｉｔｔｅｒは更新されていたということがありました。後輩いわく「同じ携帯を触るという作業やのに、なんで返事くれへんねん」と。でも僕が思うに、女の子にとってのメールは密なやりとりで、Ｔｗｉｔｔｅｒは女子会みたいなものなんです。それぐらい、Ｔｗｉｔｔｅｒはメールよりも気軽にできるものってこと。こう聞くと、好きな相手に話しかけられるような気がしませんか？

Yusuke's Advice

愛情をきちんと伝えたいならＦａｃｅｂｏｏｋの「いいね！」はほどほどにし、メールを送ろう

Ｆａｃｅｂｏｏｋが日本でスタートした時、「友達が多い芸能人第1位」になるために、友達申請をひたすら承認して、友達数は５０００人までいきました。

Ｆａｃｅｂｏｏｋって、どちらかというと、同級生と出会うためのツールだと思っています。僕も、出身地、小中高、大学と入れていて、それをきっかけに、大学の先輩や高校の同級生と再会しました。僕はプロフィールを書く派だけど、個人情報をどこまでさらすのかという問題もあります。でも、個人情報がばれて何かが起こるリスクと、書いたことによって出会える同級生のリターンで言うと、ローリスク・ハイリターンな気がするから、僕はしっかり書きます。

それと、僕は「いいね！」を押すぐらいなら、メッセージを送ります。「いいね！」ってみん

ながが押すものだから、誰が押したかもよくわからなくなってくる。でも、Ｆａｃｅｂｏｏｋのいいところは、フォローしていなくてもメッセージを送れるので、アイコンの写真を見て、タイプの子がいるならメッセージを送ったらいいと思う。「ひと目惚れしちゃいました。こんなメッセージ送ってごめんなさい」みたいに。女性側からしたら、最初は「気持ち悪っ」って思うかもしれないけど、たぶん一度はこっちのページをのぞくと思うんです。で、こっちの写真見て「あれ、かっこいいやん」ってなったら、返事は来ると思うんですよ。

僕が思うに、「いいね！」を押すのと、「あの写真、すごくいいですね」ってメッセージを送るのと、どっちに労力がかかっているかでいったら、後者の文字を打つほうだと思います。要するに、好きな人のために、頑張っているという努力の量が多ければ多いほどいいんです。結局「いいね！」を押したところで、女の子は「あ、毎日押してくれてるな」とはならないから。マメな男はモテると思うんですけど、ちゃんと「マメやな」って言われるぐらいの行動をしている男は少ない。愛情を伝えるなら、Ｆａｃｅｂｏｏｋの「いいね！」はほどほどにして、きちんと言葉を紡ぎましょう。

Yusuke's Advice

メールの一文目は熟考しよう LINEを恋につなげるテクニック

見た目に自信のない、モテない人がLINEでやるべきこと。まず、プロフィール20文字の中で、自分という存在をアピールしてください。この20文字を意外と有効活用していない人が多いんですけど、「お酒が好きです」「新潟県出身」「彼氏募集中」「趣味は映画鑑賞です」……なんでもいいと思います。細かいところに引っかかるポイントを作ったほうがいい。同じ出身地や同じ趣味の友達を探している人が「この人とつながりたい」となるかもしれません。

次に文面。LINEメールを受信した時、ポップアップ設定している人はスマホの画面の上にちょろっと文章が出ます。ここに「会いたいねんけど、」だけ出ていたら、読もうかな、となるでしょう？　だから一行目の文は、気を使ったほうがいい。そして、メール1通の行数は、5～6行に限る！　10行ぐらいのことを言いたければ、5行送って、1～2分後に思いついたかのように、「これも言っときたかってんけど」ってもう一回、5行を送るんです。そっちのほうが、リアルな会話をしている感じがあるし、重たくならないと思います。向こうからすると、長い文面が来たら、返事を一生懸命考えなくちゃいけないし。まず、読むのが大変。

それと、僕がこだわっているのが、同じ絵文字を3つ重ねること。1個より3個のほうが派手に見えるというのと、感情を伝えるんだけど、伝えすぎてはいない感じ。ハートマーク1個だと〝マジ感〟が出ますが、10個だと冗談っぽくも見える。僕は「絵文字3つの法則」と名付けています。要するに、「一生懸命、あなたとのメールを、絵文字で楽しくしようとしています」という思いを込めて3つ重ねます。ここで数種類使うと、どうにもチャラさが出てしまう。だから同じ絵文字3つで〝無器用な男〟を演出しているんです。細かいですね（笑）。

最後に、LINEといえば、既読スルー問題。みんな、返事という見返りを求めているわけですが、僕は「返事がない＝気持ちがない」じゃなくて、「返事がない＝気持ちの量が少ない」だと思うんです。この場合、既読になっている時点で、メールを見てくれてはいるということ。向こうの気持ちは動いてるんです。返事を返さないといけない優先順位が低いだけです。その順位をどう上げていくかは、あなたの努力にかかっています。

おわりに

恋愛について、段階を追って解説をしてきましたが、いかがでしたか？

最後まで読み終えて「おっしゃ！　モテるぞ！」「自信ついたな」「頑張れそうやな」と思ってくれたら、本は捨ててくれていいです。

ただし、これだけは言わせてください。この本を読んだだけでは、モテないです。モテるためには、努力をしないといけません。本書を閉じた瞬間からが、あなたの本当の勝負です。努力をしなければ、なにも変わらないということをわかっておいてほしい。

でも今、このページにたどり着いたということは「モテるために努力をしたい」という気持ちが芽生えているはず。髪形を変える、ファッションを変える、メイクを変える……できることから、一歩ずつやっていきましょう。

一方で、まだ半信半疑な方もいると思います。「ほんまか？　これでモテるのか？」「井上よ、本当にイイ男島、イイ女島に渡れるのか⁉」と。

待っていてください。

僕は、みなさんがうらやんで仕方ないようなイイ女と熱愛発覚されて、抱きますから♥

結局、この本を読んでいる人は、なんだかんだ言って、僕のことを下に見ていると思うんです。そんなマイナス男だと思われている僕が、ステキな女性と付き合ったり結婚したりしたら、「井上ができるんやったら、自分もできるやろな」って思うでしょ。

世の中というのは不公平で、もしイケメンや美人に生まれてきたら、僕らみたいにモテるための苦労や努力をしないで済むわけです。でも僕は「自分」という存在として生まれてきたからには、たった一度の人生をハッピーにしたいと思っています。生きるために用意されたいろんなルートの中で、一番幸せなルートをたどりたい。そのためには努力を怠らないようにしたいし、イイ女を抱きたいんです。

みなさんの中では「自分たちの後方に、井上が走っている」というイメージで構いません。そんな僕が恋愛で勝ち続けているんだから、前方にいるみなさんにだってできるはず！　ということを、後ろのほうから応援していきたいんです。

でも、安心していてはダメです。

僕は、現在進行形で経験値を上げていますし、努力もしていますから、うかうかしていたら抜かされます。そうして僕は、ある日突然「○○さんと結婚します！」（もうみなさんは誰のことかおわかりですよね）と宣言し、みなさんを驚かせますから。僕が美人をオトす戦略は、この本の中に全部、詰まっているともいえます（笑）。

そして僕が美人と熱愛発覚したら、僕が架け橋になりますから、みなさんでイイ男島、イイ女島に渡りましょう。そうしてマイナス男女で徒党を組み、でっかい〝恋愛革命〟を起こすんです。世の中を、美女と野獣、美男と野獣だらけにしてやりましょう。ブサイクがイケメンを、ブスが美人を打ち負かした時の優越感を、みなさんで味わおうじゃありませんか！

この本を読めばモテるということを、僕が証明してみせます。

Super Positive Thinking

マイナスからの恋愛革命
～スーパー・ポジティヴ・シンキング Chapter of Love～

2015年12月29日　初版発行

著　者　井上裕介（NON STYLE）

発行人　内田久喜

編集人　松野浩之

編　集　平井万里子
デザイン　AD 渡邊民人　D 清水真理子（TYPEFACE）
撮　影　江藤海彦
ヘア&メイク　萩村千紗子（Be..Go）
衣装協力　岡村奈央
企画・進行　井澤元清

発行　ヨシモトブックス
〒160-0022 東京都新宿区新宿5-18-21
TEL:03-3209-8291

発売　株式会社ワニブックス
〒150-8482 東京都渋谷区恵比寿4-4-9　えびす大黒ビル
TEL:03-5449-2711

印刷・製本　株式会社光邦

Printed in Japan
ISBN978-4-8470-9407-1
C0095